ESSAI

DE

FABLES NOUVELLES.

A PARIS,

Chez DIDOT L'AÎNÉ, rue Pavée Saint-André;

DIDOT FILS AÎNÉ = JOMBERT JEUNE,
rue Dauphine, près du Pont-neuf.

ESSAI

DE

FABLES NOUVELLES

DÉDIÉES AU ROI;

SUIVIES

DE POÉSIES DIVERSES

ET D'UNE ÉPITRE

SUR LES PROGRÈS DE L'IMPRIMERIE.

PAR DIDOT FILS AÎNÉ.

A PARIS,

IMPRIMÉ PAR FRANÇ. AMBR. DIDOT L'AÎNÉ

AVEC LES CARACTERES DE FIRMIN SON 2d FILS.

M. DCC. LXXXVI.

AVERTISSEMENT.

La Fontaine me plut dès l'enfance; je me livrai avec ardeur à l'étude de ses fables; et j'étois surpris d'y découvrir chaque fois des beautés nouvelles et des finesses qui m'avoient échappé jusques là. Mais je ne m'en étonne plus; La Fontaine est toujours nouveau pour ceux qui cherchent à l'approfondir. Souvent je me sentis comme inspiré par lui-même; souvent je crus le voir s'offrir avec bonté à me servir de guide: enfin je me laissai persuader; mais malheureusement pour moi l'illusion cessa du moment où je commençai. Vainement je voulois, comme La Fontaine, m'entourer d'animaux, je ne savois pas leur conserver leur caractere; il me sembloit qu'ils ne devoient pas pouvoir se reconnoître eux-mêmes. Je me sentois bien loin de cet intéressant abandon où il étoit toujours, où il falloit qu'il fût quand, par exemple, après nous avoir dépeint un vieux coq adroit et matois qu'un renard cherche à surprendre, mais que le coq, par une plaisante supercherie, trouve moyen de mettre en fuite, il nous dit :

> Et notre vieux coq en soi-même
> Se mit à rire de sa peur.

A la place de ce fonds fertile de connoissances, qui répandoit tant d'intérêt, tant d'agrément dans les fables de La Fontaine, je ne trouvai chez moi qu'un terrein sec et aride. Alors je m'effrayai de ma jeunesse ; mais je m'en effrayai bien davantage lorsqu'en relisant la fable du Loup et du Renard, adressée à M. le duc de Bourgogne, j'y vis clairement, à travers l'idée agréable d'un compliment flatteur, une vérité exprimée avec toute la force et toute l'énergie qui la caractérisent. La Fontaine dit :

> Ce qui m'étonne est qu'à huit ans
> Un prince en fable ait mis la chose ;
> Pendant que sous mes cheveux blancs
> Je fabrique, à force de temps,
> Des vers moins sensés que sa prose.

Non, ce n'est point sans beaucoup de peine que La Fontaine s'est acquis et qu'il conservera à jamais l'immortel surnom d'inimitable. Pour s'en convaincre il ne faut que pénétrer le sentiment qui lui dicta ce vers d'une si grande vérité :

Aucun chemin de fleurs ne conduit à la gloire.

Outre les connoissances que l'on peut acquérir par l'étude, il est encore mille occasions de s'instruire dans la conversation des personnes éclairées ; et il y a beaucoup à profiter, sur-tout pour des sujets de fables, dans de semblables entretiens.

C'est un parterre où Flore épand ses biens ;
Sur différentes fleurs l'abeille s'y repose,
Et fait du miel de toute chose.

Mais cette abeille charmante ne pouvoit être que La Fontaine, qui s'étoit fait un style aussi fleuri, aussi varié, que les aimables productions de Flore. Quiconque voudroit définir cet inimitable modele se trouveroit dans l'embarras où il se trouva lui-même, et pourroit lui appliquer, peut-être avec plus de raison encore, ces vers pleins de charme que la Fontaine adressa à madame de la Sablière :

> Car cet esprit, qui, né du firmament,
> A beauté d'homme avec grace de femme,
> Ne se peut pas comme on veut exprimer.

> O La Fontaine !

> . . . . Tout est charme dans vous!
> Ma muse en un sujet si doux
> Voudroit s'étendre davantage :
> Mais il faut réserver à d'autres cet emploi,
> Et d'un plus grand maître que moi
> Votre louange est le partage.

A madame de Montespan.

On sera surpris peut-être que, paroissant sentir le mérite inappréciable de La Fontaine, j'aie pu risquer de faire des fables; c'est que j'ai pensé que mes lecteurs ne voudroient point comparer l'ouvrage d'un élève avec celui d'un grand maître, ni chercher dans un essai de quelques fables sur des sujets nouveaux, ces graces naïves répandues avec tant d'abondance dans le recueil heureusement volumineux des fables de La Fontaine.

ESSAI

DE

FABLES NOUVELLES.

AU ROI.

FABLE PREMIERE.

LE COQ.

Le lion, plein de courage,
L'aigle, au vol audacieux,
D'un roi ne m'offrent point l'image :
Tous deux ils vivent de carnage,
Et leur regne m'est odieux.
Des sujets innocents, soumis et sans reproche,
Comme des criminels, tremblent à leur approche :
Je ne vois pour eux nul recours ;
Vainement de la fuite ils cherchent le secours :
Ces cruels ont bientôt immolé leurs victimes ;
Par le meurtre et le sang ils soutiennent leurs droits,
Droits affreux, droits illégitimes :
Ce sont des tyrans, non des rois.

Mais déja distingué par son brillant plumage,
    Le coq semble fait pour régner.
Tout monarque qui veut sagement gouverner
    Doit faire un noble apprentissage
Sous ce fier animal pacifique et guerrier.
      Symbole de la vigilance,
      Il semble occupé tout entier
      A faire régner l'abondance
      Parmi ses sujets emplumés:
    Ils l'aiment tous, tous ils en sont aimés;
    Et le bon ordre est encor son ouvrage.
Mais si contre un voisin jaloux et turbulent
    Il faut combattre, il le fait vaillamment:
L'amour de ses sujets enflamme son courage;
L'ambition, l'orgueil, ne le guident jamais.
      Avec feu s'il soutient la guerre,
      C'est qu'à ses périls il espere
Rendre aux siens alarmés les douceurs de la paix:
Enfin, il est plutôt leur ami que leur maître.
Lui seul est roi, lui seul il est digne de l'être.

Sire, si j'ai tracé les devoirs d'un bon roi,
Et si dans ce tableau, comme j'ose le croire,
Je n'ai rien oublié, je n'en ai point la gloire,
    Car je l'ai tracé d'après toi.

Tes sujets vont te reconnoître ;
Leur suffrage m'est assuré.
Du tien, SIRE, je devrois l'être :
Mais ce suffrage desiré,
Je crains bien que ta modestie
Ne m'empêche de l'obtenir ;
Et c'est assez pour moi que tu daignes remplir
Les vœux ambitieux de ma muse hardie
En agréant l'essai qu'elle ose ici t'offrir.

FABLE II.

LE POTIER ET LE MAÎTRE D'ÉCOLE.

Quand mon inimitable guide,
Quand La Fontaine en ses écrits charmants
A censuré magisters et pédants,
        Bref, tous ces gens
        Au front sévère, au ton rigide,
        Et sur tous indifféremment
        A décoché si plaisamment
        Les traits piquants du ridicule,
        Il l'a pu faire sans scrupule.
Et pour un seul qui par sa rareté
        Mériteroit peut-être
        D'être excepté
Je n'irai pas contredire mon maître.

Encore ce phénix offre-t-il quelques traits
    De pédantisme : à cela près
    Il pourroit être supportable ;
    On le verra par cette fable.

    Je ne sais plus dans quel endroit
    Le magister d'un gros village
    Donnoit des leçons au jeune âge,
Enseignoit le latin : il avoit fait son droit,
    Et remplissoit fort bien son ministere.
De tous ses écoliers il paroissoit le pere,
    Étudioit leur caractere,
    Et les conduisoit par l'honneur,
    L'émulation, la douceur.
    Tout près dans le voisinage
    Étoit un maître potier
    Fort habile en son métier,
    Mais peu constant à l'ouvrage,
    Aimant à se divertir,
    Et donnant chaque semaine
    Trois jours au plus à la peine,
    Trois jours pleins à son plaisir.
    Une certaine journée
    Qu'il étoit en belle humeur,
    Tout en faisant sa tournée,

Chez son voisin le docteur
Il entre en cérémonie,
Et l'air joyeux il le prie
D'un bal et d'un grand repas,
Que l'autre n'accepta pas.
Sa raison parut étrange;
L'artisan s'en étonna:
Mais elle est à la louange
De celui qui la donna.
Le nocher, lui dit-il, qui sur une eau tranquille
Dirige sans effort une barque docile,
Peut à son gré, séduit par leurs vives couleurs,
Sur des bords émaillés aller cueillir des fleurs.
Il descend; et sa barque en cette onde dormante,
Immobile, l'attend au lieu de sa descente.
Mais celui qui, voguant sur des flots furieux,
Lutte contre un courant rapide, impétueux,
S'il vouloit un instant s'élancer sur la rive,
Ne retrouveroit plus sa barque fugitive.
Mon cher docteur, à quoi bon ce propos?
Qu'est-il ici besoin et de barque et de flots?
Vous n'entendez pas? je m'explique,
Répond le magister: cet exemple s'applique
A vous ainsi qu'à moi. Quand pour votre plaisir
Vous avez quitté votre ouvrage,

Et qu'ensuite, ennuyé d'un pénible loisir,

Vous courez le reprendre avec plus de courage,

Si pendant votre absence il n'a pas avancé,

Il est du moins au point où vous l'avez laissé.

Il n'en est pas ainsi de l'art que je professe :

Et de l'instruction comme de la sagesse

  Tout le fruit est bientôt perdu,

  Si par un travail assidu

  On ne les cultive sans cesse.

FABLE III.

LA COUR DE L'AIGLE.

L'AIGLE, pour terminer une importante affaire,

Présidoit au conseil, où jusqu'aux plus petits

  Tout volatile étoit admis.

On s'assemble ; bientôt l'on en vient aux avis :

Et l'oiseau de Junon, le paon à l'humeur fiere.

  Au beau plumage, alors se rengorgeant,

  Fit de nouveau voir, en jugeant,

  Que la main de la Providence

A réparti ses dons avec un soin égal,

Et n'a pas rassemblé sur un seul animal

Les graces, la beauté, l'esprit et l'éloquence.

  Ce que sa vanité dicta

  Le perroquet le répéta ;

Et la linotte à la tête légere,
    Qui n'avoit pu suivre l'affaire,
    Crut bien juger en répondant
Qu'elle opinoit comme le précédent.
Alors sa majesté, sans plus long intervalle,
Voyant que tous étoient du même sentiment,
    Pour confirmer le jugement
Alloit joindre sa voix à la voix générale :
    Un moineau franc, sans être interrogé,
    Cria de loin qu'on avoit mal jugé,
        Qu'on alloit faire une sottise ;
    Ce qu'il prouva par un discours sensé.
        On lui sut gré de sa franchise ;
        Il fut même récompensé.

Rois, princes, souverains, empereurs et despotes,
Voulez-vous avec gloire occuper ce haut rang ?
Parmi vos perroquets, vos paons et vos linottes,
    Ayez toujours un moineau franc.

FABLE IV.

L'ABEILLE ET LE FRÊLON.

Du lis et de la violette
Une abeille dès le matin
Mélangeant les odeurs parfumoit son butin,
Et ne regrettoit point les fleurs du mont Hymette.
　　　Tandis qu'errante sur le thym
　　　Légèrement elle voltige,
　　　Qu'elle exprime de chaque tige
Un suc ambré, pour elle agréable festin,
　　　Qu'en se jouant elle se pose
Sur la cime des fleurs, ou qu'enfin mollement
Bercée au sein fleuri d'une mobile rose
Dont Zéphyre entretient le doux balancement,
　　　Sans se distraire elle compose
　　　Un miel pur, céleste présent :
　　　Soudain arrive brusquement
Un lourd frêlon, lâche qui déshonore
　　　Par son impur attouchement
　　　Le brillant empire de Flore.
En un fastidieux et long bourdonnement
Il lui tint à-peu-près ce discours : Ma mignonne,
Ton travail ne vaut pas la peine qu'on se donne
Pour en jouir : enfin, je n'offense personne ;

Mais que produit-il? presque rien.
Travaille cependant, si c'est ta fantaisie.
Moi, je compose un miel, véritable ambrosie,
Cent fois plus abondant et plus doux que le tien;
C'est le triomphe de ma gloire.
L'abeille répondit sans discours superflus :
Viens me montrer ta ruche, et je pourrai t'en croire.
Mais l'autre en bourdonnant vole, et ne revient plus.

Or maintenant il ne nous reste
Qu'à profiter de la leçon;
Défions-nous toujours d'un être fanfaron;
Le vrai mérite est plus modeste.

FABLE V.

LES DEUX TOURTERELLES.

Pourquoi, sensibles tourterelles,
Dont l'amour fait gémir la voix,
N'êtes-vous plus, comme autrefois,
Le symbole des cœurs fideles?
On ne croit plus dans l'univers
A votre constance éternelle.
Hélas! tous les yeux sont ouverts
Sur ceux qui servent de modele.
Pour les surprendre une fois en défaut
Il n'est rien dont on ne s'avise;
S'ils y sont pris, c'est autant qu'il en faut:
Le modele a failli, son exemple autorise.

Une pourtant avec son tourtereau
En même cage dès l'enfance,
Mais libre d'en sortir, l'aimoit avec constance,
Lui trouvoit chaque jour quelque agrément nouveau.
De la cage en tout temps la porte étoit ouverte,
Et rarement le mâle en profitoit.
Pour la femelle, elle restoit:
L'honneur est précieux, elle en craignoit la perte.
Un jour le mari part, il sort pour s'égayer.

La tendre épouse en sa demeure
Bientôt commence à s'ennuyer;
Chaque instant lui sembloit une heure.
Lui faudroit-il passer la nuit dans ce tourment!
La tourterelle a besoin d'un amant;
Des traits d'amour elle aime la blessure;
C'est un cinquieme élément
Nécessaire à sa nature.
Notre affligée est toujours sans mari;
Son ardeur croît, et sa crainte redouble :
L'absence d'un époux chéri
De plus en plus l'inquiete, la trouble.
Loin de moi que fait-il? Ah! si mon tourtereau,
Épris de quelque objet nouveau,
Venoit à m'oublier!... je frémis quand j'y pense.
L'infidele! est-ce là le prix de ma constance?
C'est à-peu-près ainsi qu'en longs roucoulements,
Précipités de moments en moments,
L'épouse se plaignoit d'une si longue absence.
C'en est trop, punissons cet ingrat qui m'offense,
Dit-elle alors avec émotion.
Elle vouloit déja pour sa vengeance
(Et c'est assez l'usage en telle circonstance)
Suivre la loi du talion.
Je ne suis point encor, dit-elle,

Dieu merci, sans quelque agrément·
J'ai du moins la jeunesse ; on peut me trouver belle,
Et me traiter moins indifféremment.
Disant ces mots, vers la porte elle avance ;
Puis elle en sort, méditant sa vengeance.
Mais à peine est-elle dehors
Qu'elle ressent déja de déchirants remords.
Ces remords tout-à-coup l'arrêtent dans sa fuite :
Elle hésite, combat, puis revole à son gîte,
Confuse de ce qu'elle osa
Concevoir le projet de n'être plus fidele.
Bientôt après, l'époux, à tire d'aile,
Toujours constant, revint, et s'excusa.

La vertu même la plus pure
Peut avoir un moment d'erreur.
Mais sa victoire est toujours sûre ;
Elle triomphe avec honneur
Des foiblesses de la nature.

FABLE VI.

LE CHIEN DE CHASSE.

Un chien d'une excellente race,
Nommé Fidele, et méritant ce nom,
Rapportoit seul à la maison
Perdrix, faisan, lapin, bécasse,
Bref toute espece de gibier.
Il savoit si bien son métier
Que le plus fameux braconnier
A son école eût pu venir apprendre.
Tous les jours du logis il sortoit le matin:
L'animal pris il l'emportoit soudain,
Et le maître à son croc n'avoit plus qu'à le pendre.
Un jour il rencontre en chemin
Un lévrier chassant en contrebande
A son profit, pour se désennuyer;
Au risque de payer l'amende,
Comme la paie un lévrier.
Notre chien le voit et l'évite. ==
Camarade! où vas-tu si vîte?
Où cours-tu porter ce faisan?
A mon maître, répond Fidele:
Chaque jour je lui fais un semblable présent;
Il me donne les os de la cuisse ou de l'aile;

Je n'ai pas à me plaindre enfin. = Pauvre cervelle!
Tu lui sers de filets, de pieges, de réseaux
Il a, grace à tes soins, provision certaine:

    Et c'est avec quelques os

    Qu'il compte payer ta peine!

    Va, crois-moi, ne sois pas si sot;

    Songe à te faire un meilleur lot;

    Mange aujourd'hui le produit de ta chasse. =
Jusqu'ici je n'ai point encouru sa disgrace;
Je la mériterois: non, je n'en ferai rien. =
Soit: garde ton faisan; mais goûte au moins du nôtre,
Fidele l'accepta: bientôt après, le sien
De son consentement prit la place de l'autre.

    Rien de pire que le danger

    D'une mauvaise connoissance:

    C'est là le piege où l'innocence

    Tombe souvent sans y songer.

FABLE VII.

LE CYGNE ET SES PETITS.

D'un cou long et mouvant variant les replis
Un cygne en un canal d'une eau claire et limpide
    Se jouoit avec ses petits.
    Tantôt d'une course rapide
    Il fendoit l'onde; et les zéphyrs
    De leurs haleines confondues
    Enfloient au gré de ses desirs
    Ses ailes en voiles tendues,
    Qui se déployoient au soleil
    Dans le plus superbe appareil :
    Tantôt, retournant en arriere,
    Portant une tête altiere,
  Et le cou droit en colonne élevé,
De ses petits trop lents il blâmoit la paresse,
Et donnant d'un coup-d'œil le prix à la vîtesse,
    Félicitoit le premier arrivé.
Avec tant d'agréments, pouvoit-il se défendre
    D'un mouvement de vanité?
    Ce sont les droits de la beauté :
A ces droits sans raison beaucoup osent prétendre.
    Mais parlons bas; si j'étois écouté!...
Notre cygne dans l'eau contemploit son image;

Et sans cesse avec soin ajustant son plumage,
 Il admiroit son éclat argenté.
Un jour à ses petits il dit avec mystere :
  Mes enfants, vous ne savez pas
  Que sur les bords de l'Eurotas
  Le puissant maître du tonnerre,
   Trouvant à ses vœux contraire
   Certain objet qu'il aima,
   En cygne se transforma,
  Et qu'il dut à notre plumage,
Au séduisant éclat d'un tel déguisement,
  De jouir des droits de l'amant.
  Vous n'en saurez pas davantage.
  Ah ! lui dit un de ses petits,
  L'autre jour, je fus bien surpris,
  Sans peine vous pourrez le croire :
  Je vais vous conter mon histoire.
Plusieurs oiseaux ensemble babilloient :
  J'approchai, moi, pour mieux entendre ;
  Et je pus clairement comprendre
Que de votre démarche ensemble ils se railloient :
 Nous vous suivions pour lors dans la prairie.
  Ils n'en parlent que par envie,
  Répondit le cygne. Ah ! vraiment
  Ils passeroient toute leur vie

Sans pouvoir imiter ce doux balancement.

Et le poëte
Et la coquette
Doivent se reconnoître ici;
Ils y sont peints en raccourci.
Certain défaut en leur semblable
Leur paroîtroit justement
Ridicule, insupportable;
Mais en eux c'est un agrément.

FABLE VIII.

LES RENARDS.

Deux jeunes renards imprudents
Se déchiroient à belles dents :
Je n'ai jamais trop su le fond de la querelle;
Mais je sais bien que fort souvent
Parmi nous on en fait autant
Pour une simple bagatelle.
Le même jour, même hasard
Les conduisit tous deux chez un bon vieux renard.
Personnage prudent, et doyen de la bande,
Dispensant à chacun éloge ou réprimande
Fort à propos : l'un d'eux en sortoit sur le soir
Lorsque l'autre entra sans le voir.

3.

J'ai, dit-il au doyen, fortement à me plaindre,
　　　Et je ne puis plus me contraindre.
　　　Aussitôt il le prit à part :
　　　Vous connoissez certain renard
Notre voisin ? oui, oui, vous devez le connoître ;
Il est noté par-tout, et par-tout redouté,
　　　Violent, colere, emporté,
　　　Frippon, fourbe autant qu'on peut l'être,
Médisant s'il en fut ; et vous-même, entre nous,
Croyez-moi, redoutez les effets de sa rage.
　　　Il m'en a dit autant de vous,
　　　Je ne l'ai pas cru davantage,
Reprit le vieux renard, mais du ton le plus doux ;
　　　Et sans vous ôter mon estime,
　　　Peut-être trop légèrement,
　　　J'aime mieux penser qu'un moment
　　　Quelque secret ressentiment
　　　L'un contre l'autre vous anime.

　　　Bien peu de gens aujourd'hui
　　　Auroient assez de prudence
　　　Pour fermer ainsi que lui
　　　L'oreille à la médisance.

FABLE IX.

LE PAON, LE ROSSIGNOL, LE COQ, ET LE DINDON.

Je n'aime point les sujets tristes,
Et je m'égaie en celui-ci.
Je ne sais si j'ai réussi :
Mais pour peindre les égoïstes
Le personnage du dindon
M'a semblé le plus convenable ;
J'en ai donc fait le héros de ma fable :
A ces messieurs j'en demande pardon.

L'oiseau dont la beauté fut sur-tout l'apanage,
Le paon, dans un jardin, aux yeux des spectateurs
Déployoit à plaisir l'orgueil de son plumage,
Et laissoit admirer l'élégant étalage
De sa queue, où d'Iris se peignoient les couleurs.
L'or, l'opale et l'azur varioient la nuance
De ce cercle brillant d'étoiles parsemé ;
Et Phébus avec complaisance
L'embellissoit encor d'un regard enflammé.
Mais, tout bouffi d'orgueil, gonflé de jalousie,
Se croyant un objet cent fois plus curieux,
Un dindon eut la fantaisie

De vouloir effacer cet éclat radieux.
D'un air de suffisance il passe et se promene
Entre les spectateurs et le superbe oiseau ;
Avec bruit fait la roue, et pense être plus beau
Que son rival ; enfin d'une entreprise vaine
Il ose s'applaudir. On le regarde à peine :
L'insensé croit pourtant qu'il a gagné le prix
Sur l'oiseau de Junon, qui traîne avec noblesse
      Au haut des célestes pourpris
      Le char brillant de la déesse,
      Et porte les couleurs d'Iris.
      Après cette scene risible,
Un chant mélodieux, rempli d'expression,
      Fixa soudain l'attention.
C'étoit un rossignol dont le gosier flexible
En cadence s'enfloit par les sons les plus doux.
On approche sans bruit, et sous l'épais feuillage
On l'écoute à loisir. Eh quoi ! ces gens sont fous,
      Dit le dindon ; le beau ramage !
      Qu'y trouvent-ils de gracieux ?
Ils sauront dans l'instant que l'on peut chanter mieux.
Au ton aigre, importun, monotone, ennuyeux,
      De cet impudent qui s'admire,
Le rossignol se tait, et chacun se retire.
      Notre dindon voit dans la basse-cour

Un coq qui caressoit une jeune poulette:
  Le plaisant héros en amour!
Dit-il: mais son triomphe a l'air d'une défaite;
  On le prendroit pour un enfant.
  Quelle fadeur! quelle mollesse!
Il faut voir le dindon témoigner sa tendresse.
C'est en amour, sur-tout, que je suis triomphant.

  Ainsi l'égoïste ne trouve
Rien de beau, rien de bon, n'est jamais satisfait;
  Il condamne tout, et n'approuve
  Que ce qu'il dit ou ce qu'il fait.

FABLE X.

L'AMBITION ET LA MODÉRATION.

  Deux sœurs d'humeur bien différente
  Des humains partagent le cœur.
Une seule à son gré peut donner le bonheur;
  Cependant chacune s'en vante.
  L'une est d'un gracieux accueil,
  Et l'on fuit sa bonté facile:
  De l'autre il faut flatter l'orgueil;
Et chez elle s'empresse et la cour et la ville.
La modération, simple en ses agréments,
  Dans sa parure est négligée:

L'autre, riche en ses ornements,
De leur poids semble surchargée;
On la nomme l'ambition.
Perfide en son intention,
Toujours dans ses vœux indiscrete,
Cette adroite et fine coquette,
Au prix de la santé, du repos, de l'honneur,
Vend l'espérance du bonheur
A l'amant trompé qui l'achete.
Mais dans cet espoir séducteur,
Ambitieux, le temps s'écoule.
Et l'on n'obtient jamais ses dernieres faveurs;
Tandis qu'à ses adorateurs
La modération, au lieu de vains honneurs,
Donne tous les plaisirs en foule.

FABLE XI.

LA RAISON ET L'INSTINCT.

Les animaux n'ont en partage
Qu'un instinct; l'homme a la raison:
Mais voyons par comparaison
S'il en fait un meilleur usage.

De tout temps le peuple poisson
Se laissa prendre à l'hameçon

Ou dans des rets garnis de liege;
Le renard tomba dans le piege;
La gent ailée en des filets.
Mais si de ces funestes rets
L'un de ces malheureux s'échappe,
Est bien adroit qui l'y rattrape.
L'homme, par la raison guidé,
Ce qu'on auroit peine à comprendre,
Souvent, hélas! se laisse prendre
Aux pieges de la volupté;
La volupté, cette sirene
Qui, sous un accueil enchanteur,
Cache avec un art séducteur
L'écueil où sa voix nous entraîne.

Sans vouloir prendre un triste ton,
De cette fable que conclure?
Qu'en certains hommes la raison
Est un guide souvent moins bon
Que chez les animaux l'instinct de la nature.

FABLE XII.

LES MOUTONS.

Souvent j'ai vu dans la prairie
Des moutons librement errer.
Qu'aux bords d'une rive fleurie
L'un aille se désaltérer,
Tous y courent de compagnie.
Si l'un saute, un autre le suit,
Chacun saute à la même place ;
Et d'un seul mouton qui s'enfuit
Tout le troupeau suivra la trace,
Loin du berger qui le conduit.

J'en vois autant parmi les hommes.
Souvent, vrais moutons que nous sommes,
Nous faisons sans réflexion
Ce qu'aux autres nous voyons faire ;
En vain la raison nous éclaire,
Nous l'offusquons pour l'ordinaire
Du bandeau de l'opinion.

FABLE XIII.

LE SERRURIER ET LE PASSE-PAR-TOUT.

Jusqu'à présent sans me plaindre
J'ai supporté tous vos coups;
C'est trop long-temps me contraindre,
Dit une clef en courroux.

Entre un étau resserrée
J'étouffe présentement;
Et votre lime acérée
Me déchire de sa dent.

Le serrurier débonnaire
Lui répondit : Choisissez;
Si vous voulez, c'est assez;
Vous êtes clef ordinaire.

Mais aussi, si jusqu'au bout
Vous montrez de la constance,
Je prétends en récompense
Vous faire passe-par-tout.

En sentez-vous l'avantage?
Votre possesseur charmé

Par-tout s'ouvrira passage;
Et pour vous rien de fermé

Aussitôt la clef docile
Lui répondit : Je me rends;
Oui, gênez-moi plus long-temps
Si j'en deviens plus utile.

Pour l'étude est-on sans goût;
On reste un homme ordinaire :
Quelque gêne est nécessaire;
Le travail conduit à tout.

FABLE XIV.

LES LAPINS AVEUGLES.

CERTAIN lapin, aveugle-né,
(Parmi les animaux aventure assez rare)
Se plaignoit de son sort bizarre.
Un autre, plus infortuné
Selon moi, l'entendit : Ta plainte est légitime,
Lui dit-il : du destin déplorable victime,
Il t'a traité bien mal en te privant des yeux.
Pour moi, de la clarté des cieux
J'ai joui; je n'en suis que plus à plaindre encore!
Qu'est devenu ce temps, où dès le point du jour

A la naissante aurore
J'allois faire ma cour,
Où les fleurs de nos champs réjouissoient ma vue?
Hélas! je l'ai perdue!
Un barbare, eh! pourquoi l'appellerois-je humain?
D'un long tube de fer avoit armé sa main;
J'errois sans défiance
A vingt pas de distance:
Il fait un mouvement; le coup part, et m'atteint.
Puisqu'il en vouloit à ma vie,
Pourquoi du même coup ne l'a-t-il pas ravie?
Depuis ce temps en moi tout desir est éteint:
Je languis dans l'indifférence;
Je sens anéantir ma fatale existence:
Mon sort est pire que le tien.
Ce don si précieux m'est devenu funeste;
Hélas! et de ce bien
Un triste souvenir est tout ce qui me reste.

Consolez-vous de vos soins superflus,
Vous qui cherchez en vain un ami véritable:
Le mortel secouru d'un destin favorable
Qui trouva ce trésor, le seul inestimable,
Est plus à plaindre encor quand cet ami n'est plus.

LA LOUVE ET LE LIONCEAU.

Un lionceau dont l'humeur fiere
Lui faisoit croire superflus
Les conseils de sa mere et ses soins assidus,
Voulut contre son gré sortir de sa taniere :
     Mais il n'alla pas bien loin
     Sans payer son imprudence ;
Et bientôt il apprit par son expérience
Que de sa mere encore il auroit eu besoin.
     Une autre bête carnassiere,
     Une louve avec ses petits
     Osa l'attaquer la premiere,
Craignant pour ses enfants ses gloutons appétits
En aveugle elle suit l'instinct de la nature,
Lui saute au cou, lui fait une large blessure :
     Et le lionceau, se sentant
     Moins de force que de courage,
     Crut que le parti le plus sage
Étoit de fuir. Il fuit, mais en se promettant
De revenir dans peu pour venger son outrage.
Ses longs rugissements sont au loin entendus ;
     A sa taniere il ne retourne plus ;
     Et, tout honteux de sa défaite,
Au fond d'un antre creux il choisit sa retraite.

Tel, versant des pleurs amers,
Assis au rivage des mers,
Achille furieux, et plein d'impatience,
Contre son fier rival méditoit sa vengeance.
Chaque jour notre lionceau
Assouvissoit sa fatale colere,
Faisoit un carnage nouveau
De quelque nouvel adversaire ;
Son ventre chaque jour devenoit le cercueil
Des cerfs, des faons légers, du timide chevreuil ;
Il dépouilloit les troncs de leur robuste écorce :
La soif de se venger croissoit avec sa force.
Il en trouva l'occasion.
Auprès de l'antre du lion
La louve et ses petits passerent par mégarde ;
Elle entend quelque bruit, se retourne, regarde,
Le reconnoît, veut fuir, et le croit déja teint
Du sang de ses enfants. Mais le lion s'élance,
Et du premier bond l'atteint.
La louve alors implore sa clémence.
Envers toi quel étoit mon tort ?
Dit le lion fougueux : frémis de ma vengeance.
Quand je te tiens en ma puissance
Tu demandes la vie, et mérites la mort :
Tremble, tu vas périr. Mais non, je te pardonne :

Pour jamais du moins souviens-toi
Qu'on ne doit offenser personne,
Pas même un plus foible que soi.

FABLE XVI.

LES PETITS SERINS.

A Mademoiselle ***.

INSTRUIRE et plaire, c'est le but
Que dans la fable on se propose :
Mais, j'en conviens dès le début,
Ici je l'ai manqué ; connoissez-en la cause.
Vous instruire ; eh ! qui le pourroit?
C'est en vain qu'on le tenteroit :
Et serois-je moins téméraire
Si j'osois prétendre à vous plaire?
Que cet espoir me flatteroit !
Sur votre bonté je le fonde,
Apprenez-moi comment on plaît à tout le monde :
Je n'en ferai jamais un usage indiscret ;
Et vous seule sauriez que j'ai votre secret.
Sur mes petits serins daignez jetter la vue.
Deux pourront vous intéresser,
Et peut-être vous retracer
Une tendre union par vous si bien connue,
Celle de deux époux heureux :

Les auteurs de vos jours vous en offrent l'exemple,
Et l'hymen fortuné chez eux bâtit son temple :
Où pouvoit-il trouver deux cœurs plus vertueux ?

Des plus jolis serins une jeune couvée
  Étoit déja toute élevée.
  Pour le sexe bien assortis
  Ils pouvoient vivre sans querelles :
  Deux mâles ; autant de femelles ;
  C'étoient en tout quatre petits....
  Oui, je dis bien, ils étoient quatre.
 C'étoit plaisir que de les voir s'ébattre,
 Se rassembler, se chercher, s'éviter,
Se croiser, voltiger, sauter, et béqueter
Le mouron toujours frais qui recouvroit leur cage,
Et dont la fleur passoit à travers le grillage.
Au bout de quelques mois ils firent bande à part :
Un couple se convint ; l'autre, tout au contraire ;
  Il se battoit pour l'ordinaire
 A chaque instant : et c'étoit grand hasard
Si l'on n'en voyoit deux se quereller sans cesse,
  Et deux toujours se caresser.
  Ces derniers, comme on peut penser,
  Après mainte et mainte caresse,
Recueillirent le fruit de leur vive tendresse ;

Enfin le produit de leurs jeux
Fut quatre jolis petits œufs
Couvés sous l'aile de la mere,
Et souvent sous l'aile du pere;
Ils partageoient également ce soin :
Et les petits éclos, l'un broyoit la pâture,
L'autre l'alloit chercher; l'instinct de la nature
Jamais ne s'étendit si loin.
Et cependant tout le fond de la cage
Étoit couvert de débris de plumage :
Vainqueur et vaincu tour-à-tour,
L'autre couple ennemi se battoit nuit et jour.
Mais à travers les assauts, les menaces,
Les coups de bec, les sanglantes disgraces,
Ne sais comment s'introduisit l'amour.
Il n'en alla pas mieux; bientôt après sa ponte,
La serine quitta, sortit du nid: Eh quoi!
Lâche! dit-elle au mâle; eh! n'as-tu pas de honte?
Me faudra-t-il toujours me fatiguer pour toi?
Prends la place à ton tour. L'autre n'en veut rien faire:
De là nouveau sujet de guerre.
Pendant tous ces débats ils négligeoient leurs œufs.

Fuyez l'hymen, et redoutez ses nœuds,
Si votre ame en secret ne se sent assortie

Par une heureuse et douce sympathie,
Si votre cœur épris n'est payé de retour.
C'est par un soin prudent et sage
Que les dieux ont caché les peines du ménage
Sous l'illusion de l'amour.

FABLE XVII.

LES CORMORANS.

LES cormorans sont grands nageurs,
Et de plus excellents plongeurs.
Lorsque l'un d'eux du sein de l'onde
A su tirer quelque poisson,
Il s'en repaît de la façon
La plus singulière du monde.
Il ne sauroit probablement
L'avaler par la queue, au moins commodément :
Les nageoires sans doute et peut-être l'écaille
L'en empêchent; conséquemment
Il faut qu'il s'y prenne autrement.
Or voici comme il y travaille :
Il lui fait faire en l'air un demi-tour,
Le poisson tombe alors la tête la première;
Et gaillard cormoran en fait son ordinaire :
Il ne manque jamais son tour.
Mais voici bien un autre conte.

Ou, pour mieux dire, un fait qu'on ne peut contester
Au rapport du pere le Comte,
Les Chinois ont su profiter
Du goût que ces oiseaux témoignent pour la pêche.
Je le crois, et rien n'en empêche:
Nous avons nos faucons chasseurs,
Ils ont leurs cormorans pêcheurs,
Et parviennent, dit-on, sans peine à les instruire:
Même un seul homme en peut conduire
Cent environ. Sur le bord du bateau
Toute la troupe se rassemble;
Puis au signal ils plongent tous ensemble,
Et lorsqu'ils reviennent sur l'eau
Ils vont apporter leur proie
Au maître qui les envoie.
Trouve-t-on un trop gros poisson,
On s'y prend de cette façon:
On se met deux; puis on l'arrête
L'un par la queue et l'autre par la tête.
C'est là des cormorans la plus forte leçon.
Mais toujours, pour plus d'assurance,
On leur met au bas du gosier
Un anneau de fer, ou collier,
Qui leur prêche la tempérance,
Et les empêche de goûter,

En cas qu'ils en sentent l'envie,
Du mets friand qui les convie,
Et qui pourroit bien les tenter.

Nous en rions; mais qu'on y pense,
Nos récépissés, nos garants,
Exigés par la défiance,
Sont le collier des cormorans.

FABLE XVIII.

LE LION, LE TIGRE, ET LE RENARD.

Un lion chargé d'ans, et las de guerroyer,
Traînoit depuis long-temps une vieillesse obscure;
Enfin, ne pouvant plus différer de payer
Le tribut qu'à regret on paie à la nature,
   Il fit venir son visir le renard.
De mes desseins secrets je t'informe un peu tard,
Lui dit-il; à tes soins, à ton intelligence,
Du lionceau mon fils j'abandonne l'enfance.
Ami, garde avec soin ce dépôt précieux :
A reconnoître un piege accoutume ses yeux;
De tout projet cruel détourne son audace:
Que mon fils soit aimé; près de lui tiens ma place;
Sois-lui toujours fidele; et je meurs satisfait.
En achevant ces mots il expire en effet.

Le bruit s'en répandit dans la forèt prochaine:
D'un tigre factieux elle étoit le domaine;
Dès l'instant qu'il apprit la mort du vieux lion,
Du jeune lionceau craignant l'ambition,
Dans sa tête il forma le projet de détruire
Celui dont la grandeur pouvoit un jour lui nuire.
Ambassadeurs secrets arrivent de sa part.
  Les plus hardis courent en diligence
    Conférer avec le renard,
  Qui, sous espoir de forte récompense,
Promit de le servir; et, le jour convenu,
Il conduisit son roi dans un bois solitaire
    Vers un piege à lui seul connu.
Voilà le lionceau plus de six pieds sous terre;
Il tente par ses bonds de s'élancer dehors:
L'autre rit en secret de tous ses vains efforts,
    En conçoit une horrible joie;
A son malheur pourtant il feint de prendre part.
Mais quand le tigre enfin se vit sûr de sa proie,
Sous sa griffe étendue il abat le renard,
    Qui déja d'un air d'assurance
    Lui demandoit sa récompense.
    Sa récompense fut la mort.

    Traîtres, d'avance apprenez votre sort

TRAITS DE GRANDEUR D'AME.

Non, ce n'est point assez qu'en des récits menteurs
Le vice soit atteint des traits du ridicule,
Qu'il soit toujours dépeint sous de noires couleurs,
Qu'à son aspect enfin l'homme effrayé recule :
        Il faut encor... Mais j'entends nos censeurs.
Eh quoi ! si je ne suis ni jaloux ni volage,
        Point médisant, point ingrat, point trompeur,
            Je n'aurai pas votre suffrage ?
Mais enfin si je n'ai ni fierté ni hauteur,
        Si je ne suis ni méchant ni colere,
Si je n'ai nuls défauts, serez-vous satisfait ?
        Répondez donc ; faut-il être parfait.
            Pour parvenir à vous plaire ? =
            Mais, vous dis-je encore une fois,
Serez-vous vertueux, pour n'avoir aucun vice ?
De ce qu'un citoyen n'a pas enfreint les loix,
Faut-il lui savoir gré, célébrer sa justice ?
        Je voudrois donc que des traits de vertu
Ornassent plus souvent tous nos recueils de fables :
        Et puisqu'enfin le lot de nos semblables
Est d'imiter, leur temps ne seroit pas perdu.
        Plus attrayante encore que les graces,
            La vertu, seule, et sans efforts,

De l'ame épure les ressorts,
Et nous invite à marcher sur ses traces.
Montrons-la dans un empereur :
Plus que ce titre auguste elle sert à sa gloire.
Je vais citer un trait d'histoire
Déja connu de maint lecteur.

Des courtisans du temps (ce n'est plus l'ordinaire,
Dit-on, parmi ceux d'aujourd'hui;
Je le souhaite, et c'est un vœu sincere),
Des courtisans du temps, toujours tout prêts à faire
Leur cour aux dépens d'autrui,
Un jour à Constantin en hâte vinrent dire
Que le peuple séditieux
Sembloit vouloir bouleverser l'empire;
Que même quelques uns des plus audacieux
Avoient à sa statue osé jetter des pierres;
Qu'il falloit n'écouter ni plaintes ni prieres;
Ses traits étoient meurtris, et son corps tout froissé.
L'empereur répondit en héros, en vrai sage;
Il passe en souriant la main sur son visage :
Vous vous trompez, dit-il, je ne suis point blessé.

On ne peut trop de ce grand homme
Admirer le sublime trait;

Mais, hélas! c'est bien à regret
Qu'il m'a fallu l'aller chercher à Rome.
Pourquoi ces vains regrets? ô France, Dieu merci,
D'aucune nation tu ne seras jalouse.
Cent traits pareils chez toi trouveroient place ici;
Je veux me contenter d'un seul de Louis douze.

Les rois ont toujours des flatteurs.
Plusieurs l'avertissoient, par un soin charitable,
Qu'au théâtre une piece, en tous points condamnable,
Sembloit avoir pour but de censurer ses mœurs,
Et qu'on pouvoit à plus d'un signe
Reconnoître sa majesté.
Louis leur répondit: Tant mieux; ils m'ont cru digne
D'entendre la vérité.

FABLE XX.

TRAIT DE BIENFAISANCE.

Dans tout son jour essayons de montrer
Un autre acte de bienfaisance.

Une dame, à Paris, d'une illustre naissance,
Se faisoit un plaisir, un jour, de délivrer
(Compassion du moins aujourd'hui plus commune)
Vingt de ces malheureux qui par autorité

Sont privés de la liberté
Pour l'être des faveurs de l'aveugle fortune.
Qu'ils éloignent souvent par leur oisiveté :
          Mais leur sort n'en est pas moins triste ;
Et leur travail sur-tout peut être intéressant.
Par son ordre bientôt on lui remet la liste :
          Au lieu de vingt, elle en contenoit cent.
Alors sur son visage on apperçut quelque ombre
          D'émotion : Eh ! pourquoi donc ce nombre ? =
Afin que vous puissiez faire un choix à loisir.
Elle hésite un moment : mais cédant à son zele,
          Qu'on les délivre tous, dit-elle ;
Entre des malheureux je ne sais point choisir.

Quelles réflexions me reste-t-il à faire ?
          A pareils traits que peut-on ajouter ?
Rien : il faut seulement admirer et se taire,
          Et s'il se peut les imiter.

FABLE XXI.

L'ÉCLIPSE DE SOLEIL.

Phébus du haut des cieux régnoit sur l'hémisphere ;
De ses regards brûlants il fécondoit la terre ;
Le doux fruit des côteaux, les trésors des sillons
Mûrissoient exposés à ses ardents rayons ;
Et succédant aux fleurs que le printemps nous donne,
Les brillants attributs de la riche Pomone,
Tous différents de goût, de forme et de couleurs,
Ressentoient les effets de ses feux créateurs.
Lui-même en son ouvrage on l'eût vu se complaire ;
Et tout enorgueilli des efforts triomphants,
Fier des heureux succès de ses nombreux enfants,
Il sembloit s'applaudir du bonheur d'être pere.
    Mais dans sa course irréguliere,
    Toujours docile aux loix du créateur,
    L'astre des nuits ternit tant de splendeur
    En se plaçant devant son frere.
Toute sa majesté, ses feux étincelants,
Furent en un instant éclipsés par la lune.

    Dans nos succès les plus brillants
Nous touchons au moment d'un revers de fortune.

FABLE XXII.

LE MOINEAU PARÉ DES PLUMES DU SERIN.

JADIS un geai dans La Fontaine
Des plumes du paon se para.
Depuis, un moineau s'empara
D'un plumage étranger: ce ne fut point sans peine.
Parmi plusieurs oiseaux divers
Qui partageoient son esclavage,
Le serin par son beau plumage
Le frappa plus encor que par ses doux concerts.
La vanité, la mere des prodiges,
A sa toilette présida;
Et cette enchanteresse-là
Parmi nous, comme on sait, fait de plus grands prestiges
Bref, il ne fut point reconnu.
De tous les autres bien venu,
Pour serin il passa lui-même.
C'étoit bien jusques là; mais dans sa joie extrême,
Fier de se voir si bien vêtu,
Il se mit à chanter; et son triste ramage
Laissa voir qu'il n'avoit pour lui que le plumage.

On reconnoît toujours un nouveau parvenu.

FABLE XXIII.

LE POUVOIR DE LA SAGESSE.

Avant que Vulcain le boiteux,
Qui forgea le premier tonnerre
Dont Jupin, le maître des dieux,
Extermina les géants de la terre,
En récompense en eût reçu Cypris,
Un autre dieu reçut un plus grand prix
    Pour quelque autre service insigne.
    Si je dis qu'il en étoit digne
Et que le fait est sûr, sans trop l'approfondir
Il faut m'en croire. Or, il pouvoit choisir
Entre Vénus, les Graces et Minerve.

    Amour, viens échauffer ma verve :
Qui peut peindre sans toi tout l'attrait du plaisir?
Les bras entrelacés le cortege des Graces,
Qui toujours de Vénus précede ou suit les traces,
    Parut d'abord en un grouppe enchanteur :
      Leurs appas, frais comme une fleur
      Qui sous les yeux viendroit d'éclore,
      Laissoient espérer le bonheur
      De les voir s'embellir encore.
Toutes trois dans son cœur l'emportoient tour-à-tour,
Quand tout-à-coup parut la déesse d'amour.

Jamais on ne la vit si belle :
Elle offroit dans un nouveau jour
A chaque mouvement une grace nouvelle.
Mais qui peut retracer les charmes de Vénus ?
Elle avoit ce jour-là mille attraits inconnus
Nés du desir d'assurer sa conquête :
Tout l'olympe en étoit surpris.
Pour rendre son amant plus vivement épris,
Avec un doux sourire en inclinant la tête
(Comme autrefois devant Pâris,
De la beauté lorsqu'elle obtint le prix),
Elle alloit à ses yeux dénouer sa ceinture,
Abri charmant des jeux, des graces et des ris.
Déja du jeune dieu la défaite étoit sûre :
Heureusement pour lui soudain
(Je dis heureusement, car on sait l'aventure
De Vénus et de Mars, et le sort de Vulcain),
Soudain parut Minerve, à l'air doux et modeste,
Au maintien noble, au front plein de candeur.
D'un sentiment plus pur elle enflamma son cœur,
Et de ses premiers feux sut étouffer le reste.
Il sentit un charme secret
Qui vers Minerve l'attiroit
Malgré tous les efforts de la belle déesse.

Tel est, dès qu'elle paroît,
    Le pouvoir de la Sagesse.
Humains, pour être heureux, tâchez de l'acquérir.
Si sa recherche est longue, au moins est-elle sûre :
    Si c'est chez vous un don de la nature.
        Tâchez encor de l'embellir.

FABLE XXIV.

LE TAUREAU ET LA CHENILLE VERTE.

PAR ses mugissements appellant sa compagne,
Un taureau vigoureux erroit dans la campagne.
C'étoit avant l'aurore; et de l'astre du jour
Mille oiseaux dans leurs chants annonçoient le retour.
En sursaut réveillée une chenille verte
S'écria : Qui peut donc nous faire tant de bruit?
    En vérité, j'en ai la tête ouverte :
        Je n'ai pas dormi de la nuit;
Se taira-t-on bientôt? Oses-tu, téméraire,
Invisible fantôme, oses-tu me troubler!
    Qui t'a permis de me parler?
    Qui que tu sois, redoute ma colère,
Dit d'une forte voix le taureau furieux. ═
Quoi! tu ne me vois pas avec tes deux gros yeux?
C'est moi. Je suis pourtant d'un assez gros corsage.
On doit me distinguer à travers le feuillage :

Je suis d'un plus beau verd, et j'en fais vanité.
Eh bien ! me sais-tu gré de t'avoir arrêté?
Ne valois-je pas bien la peine d'être vue?
        Le taureau, l'ayant apperçue,
        Ne songea plus à l'écraser.
        Seulement, pour s'en amuser,
A sa vaine impudence il veut mettre des bornes:
Il agite à plaisir la branche entre ses cornes,
        Sans nullement se courroucer.
Bientôt, tout étourdi, l'insecte tombe à terre.

        D'un sot orgueil c'est le sort ordinaire;
        On se plaît à le rabaisser.

FABLE XXV.

LES ANIMAUX DEVENUS ESCLAVES.

L'HOMME est né pour la liberté;
La liberté semble son apanage :
    Mais par sa faute il s'est ôté
Le plus beau don qu'il reçut en partage.

Certain cheval jadis eut différend
    Avec un cerf plein de vîtesse.
Pour s'en venger, de l'homme il implora l'adresse :
    J'ai La Fontaine pour garant ;
    On en croira son témoignage.
L'homme lui met un frein, lui saute sur le dos,
Court le cerf et l'abat ; et voyant l'avantage
Que l'on pouvoit tirer de ce coursier dispos,
    Il résolut son esclavage.
    Ainsi, pour n'avoir pu souffrir
    Peut-être une légere offense,
Esclave infortuné de sa triste vengeance,
Le cheval, si fougueux, fut réduit à servir.

Ce docile animal, sensible à nos caresses,
Si caressant lui-même, et plein de gentillesses,

Le chien, perdit sa liberté
Pour le plaisir d'être flatté.

Un autre qu'à regret on nomme,
Et qui n'est bon qu'après sa mort,
Abandonna les bois et s'asservit à l'homme,
Prétendant adoucir la rigueur de son sort.
A se nourrir lui-même il trouvoit trop de gêne;
Et las de ramasser des glands de chêne en chêne,
Pour se délivrer de tous soins
Il nous chargea de ses besoins,
Esclave de son ventre et de sa nonchalance.
Ainsi chacun suivit ses inclinations.

Mortel, affranchis-toi des mêmes passions,
Alors tu vivras libre et dans l'indépendance.

FABLE XXVI.

LA COURSE DE CHEVAUX.

Juste milieu que l'on ignore,
Qu'en tout la raison a placé,
Tel depuis long-temps t'a passé
Qui pour t'attraper court encore.

Trois chevaux forts, et souples du jarret,
De taille égale et de même encolure,
Ensemble un jour firent une gageure
A qui plutôt au but arriveroit.
Il étoit loin; mais ils étoient agiles,
Et se flattoient, par des moyens divers,
De parcourir le plutôt trente milles :
Deux cependant s'y prirent de travers.
Impatient, l'un hennit et s'agite,
Et sans laisser la trace de ses pas,
Au signal tout-à-coup il s'échappe au plus vîte;
Le second part au trot, et le troisieme au pas.
Celui-ci prétendoit qu'en restant en arriere,
Il les auroit incontinent trouvés
Sur le chemin fatigués ou crevés;
Et toujours à son pas poursuivoit sa carriere.
Pour le second, qui ne partit qu'au trot,

Il alla loin sans joindre son confrere,
Et cependant ne se pressa pas trop :
Il savoit bien que l'excès est contraire,
Enfin, enfin, ayant long-temps couru,
Il le trouva de fatigue abattu,
Languissamment étendu sur la terre.
Notre essoufflé l'entend, reprend vigueur ;
Mais il ne peut rejoindre le trotteur,
Qui jusqu'au bout conserva son allure,
Toucha le but, et gagna la gageure.

L'heureux vainqueur, par son succès,
Leur prouva ce trait de morale :
Qu'il faut savoir tenir entre les deux excès
Le milieu le plus juste et la balance égale.

FABLE XXVII.

L'ÉCUREUIL.

Depuis plus de six mois un écureuil privé
Faisoit tous les plaisirs de sa jeune maîtresse.
Il paroissoit sensible à sa moindre caresse :
    Jamais il n'étoit arrivé
Que, libre de courir, une seule minute
    Il l'eût quittée ; et la raison,
C'est qu'il trouvoit toujours dans sa main du bonbon.
    Il savoit faire la culbute,
Contrefaisoit le mort, sautoit sur un bâton.
    Ses qualités les plus parfaites,
    A mon gré, c'est qu'en aucun temps
    Il n'avoit exercé ses dents
    Que sur du sucre ou des noisettes.
Il en tenoit encore un assez gros morceau
    (Nouveau bienfait de sa maîtresse),
    Qu'il mangeoit avec gentillesse :
Sa queue en remontant ombrageoit son museau ;
    Entre l'une et l'autre patte,
    D'une façon délicate
      Il le tenoit,
      Le retournoit,
Lorsque Claude, un laquais, pour s'amuser, l'agace,

Lui prend son sucre, le lui rend,
Puis encore le lui reprend.
De ce jeu l'écureuil se lasse;
Il est tout prêt à se fâcher;
Et, sans autre raison, du malicieux Claude
Il reçoit une chiquenaude
Qui l'oblige à s'aller cacher.
Le petit animal, irrité, plein de rage,
En grondant s'enfuit dans sa cage.
Sa maîtresse arrive aussitôt.
Vîte, à son écureuil elle ne fait qu'un saut:
A peine elle le voit paroître
Qu'elle va pour le caresser;
Mais soudain jusqu'à l'os elle se sent percer.

Déja vous l'appellez ingrat, injuste, traître;
Et vous les méritez ces noms autant que lui,
Vous qui dans votre humeur méconnoissez sans cesse,
Et repoussez avec rudesse,
Lorsqu'une autre main vous a nui,
Celle qui tous les jours vous flatte et vous caresse.

FABLE XXVIII.

L'ORANGER.

A Mademoiselle ★★★.

EST-CE en vain, Lise, que j'espere
De tenir ma place aujourd'hui
Dans un recoin de ton parterre?
Hélas! mon plus beau jour a lui:
Je n'ai plus ces fleurs odorantes
Qui se succédoient tour-à-tour;
Mais bientôt, pour toi renaissantes,
Elles vont hâter leur retour.
La rose plaît à Cythérée,
Le myrte est l'arbre de l'Amour,
Toujours libre jusqu'à ce jour,
Ma fleur n'étoit point consacrée :
Que mon sort seroit glorieux
Si j'étois accueilli des Graces!
Toi qui si bien nous les retraces,
En m'adoptant comble mes vœux.
Sois ma déesse tutélaire,
Et daigne me servir d'appui;
Qu'on sache en tous lieux aujourd'hui
Que j'ai le bonheur de te plaire.

6.

Je suis le seul arbre sur terre
Qui s'offre aux yeux en même temps
Paré d'une double couronne,
Des fleurs brillantes du printemps
Et des fruits exquis de l'automne.
Si j'ose ici te rappeller
Que j'ai l'utile et l'agréable,
La vanité m'est pardonnable,
Je suis fier de te ressembler,
A toi dont le rare partage
Est de joindre au doux badinage,
A la fraîcheur de tes quinze ans,
A tous les charmes de ton âge,
La raison, solide avantage,
Dont tant d'autres ne font usage
Qu'en la saison des cheveux blancs.

FABLE XXIX.

LE ROSSIGNOL ET LA CORNEILLE.

A pas précipités errant sur le rivage,
Et tantôt effleurant la surface de l'eau,
La corneille, sinistre oiseau,
Prévoyoit un affreux orage,
Alloit, venoit, se tourmentoit.
Les cris aigus qu'elle poussoit
Faisoient frémir son noir plumage;
Au loin l'écho les répétoit :
Et pendant tout ce beau tapage,
Un rossignol au doux ramage
Sur un arbre voisin chantoit.
Insensé, lui dit la corneille,
D'un chant doux et mélodieux
C'est bien le temps de nous frapper l'oreille;
Considere l'état des cieux.
Que je te plains! l'orage te menace;
Tu devrois pleurer ta disgrace,
Et tu vas chanter le plaisir!
Malheureux, qui jamais n'as connu l'avenir!
Malheureux! dit l'autre; eh! de grace,
Quel bien pourrois-je en recueillir?
Si je voyois mes maux et tous ceux de ma race

En un monceau se réunir,
Ils me feroient frémir d'avance.
Tu plains mon sort; je le préfere au tien,
Loin d'envier ta connoissance.

Un mal en apparence est quelquefois un bien.

FABLE XXX.

LES PETITS CHIENS.

Deux petits chiens d'une même portée,
Tous deux jolis, et mignons, et bien faits,
Et se ressemblant traits pour traits,
Avoient tous deux une peau tachetée,
Patte fine, joli museau,
Les yeux vifs, longue soie, oreille bien tombante,
La queue exactement recourbée en cerceau :
Enfin leur ressemblance en tout étoit frappante.
Leurs noms différoient peu ; l'un se nommoit Hector ;
L'autre Médor.
Un soir, temps fertile en méprises,
Lorsque sur des ombres plus grises
Une invisible main vient déployer sans bruit
Le sombre voile de la nuit,
Leur maîtresse rentra ; de quel endroit ? n'importe :
Il suffit de savoir qu'en entr'ouvrant la porte

Elle appella deux fois distinctement Hector.

  Nos deux chiens sommeilloient encor.

Médor pourtant s'éveille. Allons, mon camarade,

  Lui dit-il en parlant tout bas,

 Leve-toi donc; es-tu sourd ou malade?

  On t'appelle, n'entends-tu pas?

  Tout en lui faisant ce reproche,

Il retourne la tête, et voit que de sa poche

Sa maîtresse tiroit un morceau de brioche.

  Sûrement je dormois encor,

Dit-il, quand j'ai jugé qu'on appelloit Hector.

  Peut-être nos noms par elle

  Auront été confondus:

Tantôt elle m'a dit que j'étois son fidele;

  A présent je n'en doute plus,

  Oui, c'est moi, c'est moi qu'on appelle;

  Courons, elle me tend les mains,

Et ne réveillons pas mon frere qui sommeille.

  On reconnoît là les humains;

  Souvent leur conduite est pareille.

FABLE XXXI.

LA VUE COURTE ET LA VUE LONGUE.

Distingues-tu là-bas ce chien
Qui garde ce troupeau dans ce gras pâturage? =
Non, mon ami, je n'y vois rien. =
Mais tu vois cet autre qui nage,
Disoit un homme aux yeux vifs et perçants
A son camarade myope,
C'est-à-dire à l'un de ces gens
Dont les yeux ne sont pas un fort bon télescope. =
Où donc? de quel côté? = Tiens, regarde, tout droit.
Là-bas, au bout de mon doigt.
Le vois-tu? = Non, mais je me le figure. =
Je te plains, mon ami: je vois que la nature
N'a pas sué beaucoup en façonnant tes yeux. =
Moi, je ne m'en plains pas, dit l'autre, je te jure;
Je ne suis pas né curieux. =
Oui, mais de bons tableaux, une belle statue,
Tu ne peux en juger s'ils ne sont sous ta vue;
Et ces objets sont faits pour être vus de loin,
Tu le sais. Une armée en bataille rangée... =
Eh! mon ami, de grace, épargne-toi ce soin:
Ma vue à volonté peut-elle être changée?
Daigne à ton tour m'écouter un moment:

Elle peut n'éprouver nul dépérissement ;

Aussi bien qu'en mon enfance

Je distingue à présent ; selon toute apparence

Les ans ne sauroient l'affoiblir :

La tienne en pourroit bien souffrir,

Même il te faut déja des lunettes pour lire ;

Et peut-être qu'avant vingt ans

Tu n'y verras pas trop, l'ami, pour te conduire.

Ne te vante donc plus de tes regards perçants.

Les dons de la sage nature

Sont partagés avec mesure :

Tu vois plus loin ; je verrai plus long-temps.

FABLE XXXII.

LE PETIT PRINCE ET SON PRÉCEPTEUR.

Un prince encore enfant (sept ans étoit son âge)

Avoit un précepteur, homme prudent et sage,

Habile à lui former le cœur :

Et le succès le plus flatteur

Encourageoit les soins du maître.

L'éleve en tout faisoit paroître

Qu'il profitoit de ses leçons :

Sans y penser, de cent façons,

Avec lui tous les jours il trouvoit à s'instruire.

Le précepteur, sans lui rien dire,

Dans son appartement fit placer un tableau
Qu'il avoit commandé, sujet allégorique.
Le prince, de retour, demande qu'on l'explique:
Quelle est, dit-il au maître, auprès de ce château
        Cette figure si jolie?
        Qu'elle me plaît! qu'elle a l'air gracieux!
        Mon prince, c'est la Flatterie,
Qui distille un poison sûr et contagieux.
Défiez-vous toujours de sa coupable adresse;
Elle dégrade l'ame, elle corrompt les mœurs:
        Source impure de mille erreurs,
        C'est pour tromper qu'elle caresse.
Voyez: Phébus à peine a ramené le jour,
Déja de ce palais elle assiege la porte.
        Hélas! avant qu'elle en sorte
        Elle aura joué plus d'un tour;
        Et je crains bien qu'à votre tour,
Par l'exemple entraîné, vous ne soyez avide
        D'écouter un jour la perfide.
        Alors les soins assidus
        Que je prends de votre enfance
        Deviendront des soins superflus:
        Je le crains, j'en souffre d'avance.
Ne vous affligez point; non, je ne l'aime plus,
        Lui répondit le jeune éleve.

Et puis je vous aurai toujours:
Si notre premier pere eût eu pareil secours,
   Quelque engageante que fût Eve,
Sans doute elle eût perdu le fruit de son discours.
Mais, dites-moi, quelle est cette belle figure
Que j'apperçois là-bas dans un coin écarté?
   Mon prince, c'est la Vérité
Qui s'éloigne à regret, mais pourtant sans murmure.
   Chez les princes et chez les rois
En vain elle tenta de se faire connoître;
   On l'y maltraita tant de fois
Qu'elle a pris le parti de n'y plus reparoître.
   Elle fuit la pompe des cours,
   L'éclat de l'or, la broderie:
   Riches ornements qui toujours
   Ont attiré la Flatterie,
   Sa plus redoutable ennemie.
Le petit prince alors dit d'un ton emporté:
Je la déteste aussi; je veux toute ma vie
   Employer mon autorité
A la chasser au loin de province en province:
   Et pour goûter en liberté
   L'entretien de la Vérité,
Je quitterai sans peine, et même avec gaîté,
Tous les jours mon palais et mon habit de prince.

FABLE XXXIII.

LES LINOTTES.

QUE pensez-vous du chant de Philomele,
Qu'on nous cite en tous lieux comme un parfait modele?
  Là, franchement, qu'en pensez-vous, ma sœur?
  Disoit d'un ton modestement railleur
    Une linotte à sa voisine
Tout aussi fiere au moins des doux sons de sa voix. =
      Mais, ma sœur, moi, je m'imagine
      Que, dans les chantres de nos bois,
      Il en est dont le doux ramage
    Peut aisément lui disputer le prix :
      La fauvette a cet avantage.
  Aimez-vous tant ce confus gazouillis,
Ces changements subits, ce bizarre mélange
      De tons badins et sérieux,
Ces légers roulements qu'un coup de gosier change
    En sons plaintifs, qu'on trouve harmonieux,
      Et qu'à peine elle a fait entendre,
      Qu'à l'instant elle va reprendre
    Des sons brillants, gais et mélodieux ?
      Malgré l'opinion publique,
      Je n'aime point cette musique ;
Et la fauvette, à mon goût, chante mieux.

Ce que j'en dis, ma sœur, ce n'est point par envie.
Ah! je le crois, dit l'autre; et c'est aussi mon goût.
 Mais ce qui me déplaît sur-tout,
Ce qu'on ne passe point, c'est sa coquetterie:
Cet oiseau fier s'observe, et s'écoute chanter.
 Comme il se plaît à consulter
 L'écho, qu'il force à répéter
 Les sons de sa voix, tantôt vive,
 Tantôt langoureuse et plaintive!
Et quand il formeroit encor de plus doux sons;
 Quand il auroit un plus brillant ramage;
Ainsi que la fauvette il n'a pas l'avantage
 De chanter en toutes saisons.

 C'est ainsi que nous déprisons
 Les hommes du premier mérite;
C'est à-peu-près ainsi que nous leur opposons
Un rival trop heureux de marcher à leur suite.
 Et par là nous satisfaisons
 Et notre amour propre et l'envie,
 Agents secrets qui reglent notre vie;
 L'amour propre, en nous comparant
 A ce rival du second rang,
Que nous nous efforçons de mettre au rang suprème;
Et l'envie à son tour trouve un plaisir extrême

A contester l'honneur qu'un autre a mérité.

Belles, de ce défaut vous n'êtes point exemptes :

Vos querelles sont différentes ;

Elles ont pour but la beauté.

L'emporter en ce point, c'est commettre une offense

Que vous pardonnez rarement :

Et loin d'avouer franchement

Que telle sur telle autre a la prééminence,

Par amour propre et par vengeance,

Vous la rabaissez durement.

Ce difficile aveu sorti de votre bouche,

Je vous le dis, belles, par amitié,

Si le desir de plaire est le seul qui vous touche,

Vous rendroit à nos yeux plus belles de moitié.

FABLE XXXIV.

LES FOURMIS.

Dans un terrain humide où l'autan pluvieux

Souffloit depuis trois mois l'orage et les tempêtes ;

A travers des guérets dont les sillons fangeux

Eussent d'un Alexandre arrêté les conquêtes ;

Quelques maigres fourmis lentement se traînoient :

La faim leur commandoit ce périlleux voyage.

Pour recueillir des grains dispersés par l'orage

Plusieurs partoient ensemble, et fort peu revenoient :

Les unes, en plain champ avec peine avancées,
Traînant un précieux mais funeste fardeau,
Demeuroient avec lui dans la vase enfoncées;
D'autres fuyoient la mort, et la trouvoient dans l'eau.
Il falloit pénétrer fort avant dans les terres
Depuis que d'alentour enlevant tous les grains,
Les plus grosses fourmis, citoyens mercenaires,
En avoient fait remplir de vastes magasins.
Sans peine on eût nourri toute la fourmillere,
De ces amas de bled entassés à dessein
D'affamer à plaisir la république entiere
Pour lui prêter ensuite un secours inhumain.
Le bled publiquement se vendoit à l'enchere;
On exigeoit sans honte un injuste salaire;
Il falloit, pour le moins pendant une saison,
Que pour ces fainéants chacun fît la moisson.
Ainsi ces exacteurs, auteurs de l'indigence,
Dans le malheur commun, tranquilles, réjouis,
Passoient gaîment leurs jours au sein de l'abondance.

    Autant on en verroit en France
    Sans la sagesse de Louïs.

ÉPILOGUE.

J'ai par Louïs commencé mon ouvrage;
Par Louïs je l'ai terminé;
Et de sa gloire environné
Puissé-je échapper au naufrage!
A l'abri de ce nom justement respecté
Je vais quitter le port avec plus d'assurance,
Et voguer, aux rayons d'une douce espérance,
Vers les bords orageux de l'immortalité.

POÉSIES

DIVERSES.

POÉSIES DIVERSES.

ÉPITHALAME.

Jeune V....., à peine en ton printemps,
　　Des Amours la troupe légere
　　Va bientôt enivrer tes sens
Du doux parfum des fleurs qui naissent à Cythere.
Jusqu'à ce jour, novice au doux plaisir d'aimer,
　　Tu n'as connu l'art dangereux de plaire
Qu'à l'instant où l'Hymen t'a prescrit de former
Le nœud le plus sacré, l'union la plus chere.
Ton époux est aimable, il a dû te charmer,
Bien fait, sensible, doux, d'une sage conduite:
Tu sus en peu de temps estimer son mérite,
Et ton cœur aussitôt fut contraint de l'aimer.
L'amour, pour être heureux, doit naître de l'estime;
Il doit croître avec elle : et l'estime à son tour,
Quand l'âge éteint en nous le feu qu'amour anime,
Pour consoler nos cœurs doit survivre à l'amour.

Que de tous les plaisirs le riant assemblage,
Que le folâtre essaim et des ris et des jeux,
Se fixant dans votre ménage,
Nous offrent le tableau de deux époux heureux!
Hélas! un bonheur sans nuage
Trop rarement est goûté de nos cœurs:
Mais une épouse aimable, et fidele, et chérie,
Sait toujours semer quelques fleurs
Sur les épines de la vie.

Ah! si je puis obtenir que l'Amour
Soit favorable à ma demande,
Je fais vœu de grossir sa cour,
Et de suspendre chaque jour
A son autel une guirlande:
Pour cela je voudrois avoir
Une compagne intéressante,
Instruite sans être savante,
Toujours fidele à son devoir;
Qui, des vains plaisirs ennemie,
N'eût pour guide que la raison,
Et dont la sage économie
Sût gouverner notre maison.
J'aimerois qu'elle fût jolie:
Je sais bien que pour le bonheur

La beauté n'est pas nécessaire;
Mais de tout temps elle fut en honneur,
Et tous les peuples de la terre
Semblent justifier le penchant de mon cœur.
Quel que soit son pouvoir, on se plaît à l'étendre :
Tout charme en la beauté, tout devient précieux;
Un regard est plus doux, le son de voix plus tendre,
Un sourire est plus gracieux.
De plus je la voudrois fidele;
Et ce point l'emporte sur tous.
Que la fidélité regne entre deux époux :
Jeunesse ni beauté ne dédommagent d'elle.

Vous qu'aujourd'hui l'Hymen engage sous sa loi,
Les souhaits de mon cœur ne peuvent vous déplaire;
Si je fais tous ces vœux pour moi,
C'est que pour vous je n'en ai point à faire.

LES AGRÉMENTS
DE LA VIE CHAMPÊTRE.

Du léger Zéphyr
L'inconstant soupir,
Les pleurs de l'Aurore,
Et sans doute encore
L'astre qui colore
Ce bel horizon,
Ont donc fait éclore
Ce naissant bouton,
L'attribut de Flore.
Sur ce verd gazon
Les moutons bondissent ;
Tous à l'unisson
Les ramiers gémissent ;
Sur un autre ton
Les chevaux henuissent,
Les taureaux mugissent,
Les bois retentissent.
Heureux villageois,
Déja je te vois
De la jeune Annette
Avec ta musette
Soutenir la voix,

Sans porter envie
A ces gens qu'à tort
On appelle encor,
Par pure folie,
Sans savoir pourquoi,
Heureux comme un roi.
Roi de la nature,
Elle est toute à toi.
Pour toi la verdure
Renaît sans culture;
Et cette onde pure
Coule sous ta loi :
Son léger murmure
Parmi les roseaux,
L'argent de ses flots,
Et le doux ramage
Des petits oiseaux,
Tout te rend hommage :
L'abri des berceaux,
Ce sombre feuillage,
Cet épais ombrage
T'invite au repos :
Le lait des troupeaux
Pour ta nourriture
S'épanche à grands flots;

Et la nuit obscure
Pour toi des pavots
Comble la mesure.
Préfere toujours
Le paisible cours
De tes heureux jours,
Ta simple chaumiere,
Le champ de ton pere,
Ta douce gaîté,
Sur-tout la santé;
Ce bien si vanté,
Qui chez vous abonde,
Par tout l'or du monde
N'est point acheté.
Préfere en été
Tant de soins utiles,
Tes plus durs travaux,
Tes sommeils faciles
Et tes doux repos,
A ces plaisirs faux
Qu'on cherche en nos villes.
Tous ces vains plaisirs
Dont tant de desirs,
De fréquents soupirs,
De craintes, d'alarmes,

Augmentoient les charmes,
Va-t-on les goûter ;
Un dégoût bizarre,
Qu'on ne peut domter,
De nos cœurs s'empare,
Et vient tout gâter.

*A Monsieur et à Madame J****.

Ô vous qu'un doux nœud rassemble
Pour votre commun bonheur,
De vous voir unis ensemble
Goûtez long-temps la douceur :
Ayez toujours en partage
L'art de régler vos desirs ;
Trouvez toujours vos plaisirs
Au sein de votre ménage.

A mes vœux les plus ardents
Si le ciel est favorable,
Vous aurez, ô couple aimable,
Les plus aimables enfants.
Déja ce précieux gage,
Ce doux fruit de votre amour,
De ce qu'il doit être un jour
Nous offre l'heureux présage.

Nous t'imposons une loi,
Tendre fleur qui viens de naître,
C'est de savoir reconnoître
Les soins que l'on prend de toi.
Mais jusqu'à son innocence
Tout semble vous assurer
Sa vive reconnoissance
Qu'elle ne peut vous jurer.

Je ne sais si l'hyménée
Doit me ranger sous ses loix,
S'il doit par un heureux choix
Embellir ma destinée :
Mais du moins il est certain,
Couple heureux, tendre, et fidele,
Que, si tel est mon destin,
Je vous prendrai pour modele.

ANNETTE ET LUBIN,

CONTE MORAL.

Il est doux le premier soupir;
Le second l'est encore; un peu moins le troisieme;
Enfin on voudroit voir souffrir
De ce trouble inconnu l'objet charmant qu'on aime.
Las de soupirer seul, Lubin prit ce parti.
Hélas! que va-t-il faire?
Annette est tendre, mais sévere.
Point de réflexion; il part, il est parti.
Voilà déja Lubin aux pieds de sa bergere:
L'amour l'a conduit pas à pas.
Daignez, dit-il, m'entendre, ô vous que mon cœur aime!
Mais arrêté dès ce mot même:
Lubin, si vous m'aimiez, vous ne me feriez pas
Un aveu qui doit me déplaire.
L'amour voudroit en vain me ranger sous sa loi;
Mon pere seul doit engager ma foi. ═
Quand j'aurois son aveu, vous me seriez contraire;
Je le vois trop, hélas! je n'y gagnerois rien:
Vous le voulez, ma mort suivra cet entretien. ═
Non, berger, non : mon cœur souffre de votre peine.
Étoit-ce donc vous marquer tant de haine
Que de vous donner les moyens...

8.

A ses vœux les plus doux Annette alloit répondre,
Quand leurs troupeaux vinrent à se confondre
Malgré les efforts de leurs chiens.
Il n'en fallut pas davantage;
La bergere aussitôt s'effraya du danger
Que court la fille la plus sage
Qui s'arrête un instant auprès de son berger.
Car, sans cet incident léger,
Peut-être que déja la sensible bergere...
Mais revenons à nos moutons,
Et jamais ne nous permettons
Aucun jugement téméraire.
La bergere a déja rassemblé son troupeau.
Lubin s'en retourne au hameau,
Et d'Annette bientôt s'en va trouver le pere,
Qui, dès l'instant qu'il eut appris l'affaire,
Lui dit: Elle est à toi: mais elle est jeune encor;
Et j'attendrai deux ans pour l'unir à ton sort
Par les liens de l'hyménée.
Elle touchoit à peine à sa quinzieme année.
Sans posséder Annette attendre encor deux ans!
C'est fait de moi, j'en mourrai, je le sens.
Dès lors on n'entend plus résonner sa musette;
Il paroît consumé d'une langueur secrete:
Enfin pour le frapper la mort leve le bras.

Tranquille, il voit le coup, et ne l'évite pas,
      Tout occupé de son Annette.
La bergere bientôt apprit son triste sort,
Et forma le projet de rester toujours fille,
      Projet qu'elle exécute encor.
L'amour est le tourment de plus d'une famille.

Ô vous qui pouvez être heureux avec le temps,
N'enviez pas trop tôt le doux titre d'amants ;
Calmez vos premiers feux : l'effort est moins pénible
Que s'il falloit éteindre après l'embrasement
      Un feu qui dans un cœur sensible
Pourroit se rallumer de moment en moment.
Vos parents ont pris soin d'élever votre enfance ;
Leur tendresse depuis veille sur tous vos jours.
Ah ! pour votre repos, et par reconnoissance,
Confiez-leur encor le soin de vos amours.

A M. DE FLORIAN,

qui, pendant son absence, desiroit savoir si Galatée
avoit paru, et si elle avoit du succès.

Aimable auteur de Galatée,
Soyez tranquille sur son sort :
Galatée a paru ; par-tout on l'a fêtée ;
Elle a gagné les cœurs dès son premier abord.
Bergere aussi belle que sage,
Chez son sexe elle est en honneur ;
Du nôtre elle reçoit l'hommage
Et fait un amant d'un lecteur.
Galatée est sensible et tendre ;
Un berger trop heureux a su toucher son cœur :
Élicio pouvoit seul y prétendre ;
Il a l'esprit, les graces de l'auteur.

AU PRINCE HENRI

E T

A Mme LA DUCHESSE DE CHARTRES,

Honorant de leur visite l'imprimerie de mon pere.

Du dieu qu'on adoroit autrefois dans la Thrace,
Dont souvent l'Injustice a paré les autels,
Le héros de Berlin, plus chéri des mortels,
Plus grand, plus généreux, mériteroit la place.
Un sentiment plus pur, animant son grand cœur,
Contre ses ennemis arme son bras vainqueur:
Sa valeur en tout lieu doit être célébrée,
Le char du nouveau Mars est conduit par Astrée.

La princesse qu'ici ce héros accompagne
Honore nos travaux d'un gracieux regard.
Quelle puissance en elle a réuni sans art
Tout l'esprit de la ville aux mœurs de la campagne?
Les Graces, les Vertus, mille attraits enchanteurs,
Composent son cortege et lui gagnent les cœurs;
On révere son nom, sa vue est desirée:
Ici Mars à son tour semble conduire Astrée.

A M. LE BARON DE BRETEUIL,

MINISTRE DE LA MAISON DU ROI,

qui avoit honoré de sa visite l'imprimerie de mon pere.

Vous sur qui Louïs se repose,
Qui mettez à profit, pour le progrès des arts,
Un temps si précieux, et dont en tous égards
La sévere raison dispose ;
Ce fortuné moment si cher à notre cœur,
Où nos foibles travaux parurent vous complaire,
Vint redoubler encor le zele de mon pere.
Il est François, et sensible à l'honneur ;
Et celui de votre présence
L'encourageant dans ses travaux,
De ses remercîments, de sa reconnoissance,
Il veut vous assurer par des succès nouveaux.

A M. LE COMTE DE SÉRENT,

Président de la société patriotique bretonne.

Pour mon pere, mon frere et moi,
Je me vois chargé de répondre :
C'est sans doute un pénible emploi ;
Car je vois là de quoi confondre
Chacun de nous parlant pour soi.
Non, cet honneur incomparable
De se trouver l'associé
D'un corps vraiment inestimable
Ne sauroit être apprécié
D'une maniere convenable,
Soit en une prose agréable,
Soit par écrit versifié ;
Et le cœur seul en est capable.
Puisse le sentiment secret
D'une vive reconnoissance
Me tenir lieu de l'éloquence
Qu'en ce moment il me faudroit !
Je rends grace à cette indulgence
Qui, pour premiere exception
Parmi gens de distinction,
De haute réputation,
Et les bons artistes de France,

Daigna, par un soin recherché,
Accueillir le germe caché
De talents encor dans l'enfance,
Qui peut-être auroient végété;
Mais qui, grace à cette influence
D'où naîtra la fécondité,
Pourroient un jour, sans vanité,
Donner des fruits en abondance.
Ainsi votre société,
Étant un ressort inventé
Pour l'émulation publique,
A juste titre aura porté
Le surnom de patriotique.

BOUQUET.

Henri, dès la naissante aurore,
Du jour j'envisageois la fin :
Ce que je disois ce matin,
Permets que je le dise encore.

Tandis que, dans un doux repos,
Paisiblement chacun sommeille,
Moi, qu'un plaisir plus doux réveille,
Et réveille fort à propos,
Il est bon que je réfléchisse
Si parmi tant d'illusions,
Tant d'aimables inventions,
Les danses, les feux d'artifice,
Et les illuminations ;
Si, lorsqu'étalant sa corbeille,
Flore au souris si gracieux,
Sur Henri seul ayant les yeux,
Offrira la rose vermeille,
Le jasmin, le lis orgueilleux,
Et l'oranger délicieux,
Et l'anémone sans pareille,
Enfin tous ses dons précieux
Qui se mélangent à merveille ;

Il faut, dis-je, qu'en ces instants
Où de l'astre qui nous éclaire
Les feux bientôt étincelants
N'échauffent point encor la terre,
Tout à loisir je considere
Si parmi tous ces jeux brillants
Et tous ces parfums odorants
Mon œillet, foible grain d'encens,
D'Henri pourra flatter les sens.
Non; c'est à tort que je l'espere.
Dois-je monter sur l'Hélicon,
Et là lui faire à ma façon
Certain bouquet? Quelle entreprise!
Y penser, c'est une sottise:
Il faut de la force et du temps.
J'aime mieux, près d'une onde pure
Et dont l'agréable murmure
Des muses charme les enfants
Encor foibles et chancelants,
Sur un frais tapis de verdure,
Lui cueillir cette fleur des champs
Qui croît sans art et sans culture,
Et dont le premier des passants
Peut disposer à l'aventure.

A travers ces déguisements
C'est assez clairement te dire
Que ces vers légers, innocents,
Que ta fête aujourd'hui m'inspire.
Tous enfants de la liberté,
De l'enjoûment, de la gaîté,
Et d'un agréable délire,
Partant du cœur, ne m'ont coûté
Que la peine de les écrire.
Tu vois qu'ils ne sont pas luisants
Du vernis que donne le temps;
Mais dans leur molle négligence
Ils te peindront mes sentiments,
Mieux que tant de froids compliments
Bien mesurés dans leur cadence,
Où, par mille raffinements,
A force d'embellissements,
De recherches, de changements,
Et de prétendus ornements,
On ne dit plus ce que l'on pense.
Moi, je le dis tout franchement:
A Clignancour, ce lieu charmant
Rendu plus gai par ta présence,
Et vrai pays d'enchantement,
Le jour qu'à ta fête on y danse,

Tout pour moi, tout est jouissance :
Et je suis sûr qu'en ce moment
J'interprete le sentiment
De toute l'aimable assistance,
Qui m'applaudit par son silence.
J'aime et cet air de liberté
Qui regne parmi les convives,
Et ta franchise et ta gaîté,
Et ta fille aux graces naïves :
Oui, j'aime ces jeunes époux
Qui, jaloux d'embellir ta fête,
Voudroient rendre sensible à tous
La douceur de leur tête-à-tête,
Par des jeux, des plaisirs si doux,
Que pour toi le cœur seul apprête.
Comme ils savent les varier !
A leur empressement il semble
Qu'ils veulent te remercier
Du nœud charmant qui les rassemble.
Bientôt leurs transports assidus,
L'ivresse d'un heureux délire,
Vont accroître encor ton empire
En te donnant un cœur de plus.

AUTRE.

Toujours choisir parmi des fleurs
Les plus belles pour les couleurs,
Et les plus fraîchement écloses ;
Toujours des œillets et des roses,
Toujours des bouquets pour Henri !
Assez d'autres iront encore
Faire un nouveau larcin à Flore
Pour fêter ce mortel chéri :
Les fleurs des rives du Permesse
Pour mon cœur ont plus d'agrément ;
Chacune exprime un sentiment
Quand on les cueille avec adresse.
Du moins dans ce bouquet rimé
Qu'il sache un fait bien véritable ;
C'est que de chacun estimé
On l'aime autant qu'il est aimable :
Or il est tendrement aimé.
Comment pourroit-il ne pas l'être ?
L'esprit, la gaîté, l'enjoûment,
Et le caractere charmant,
Sont ce qui le fait reconnoître.
Il a l'art de savoir jouir ;
Et ses jeux sont de voir les nôtres :

Il ne connoît d'autre plaisir
Que celui qu'il procure aux autres,
Et qu'il est habile à saisir.
Puisse le destin favorable,
Par nos vœux ardents attendri,
Joindre aux qualités de Henri,
A sa douceur inaltérable,
Le bienfait le plus desirable,
Par le malade apprécié,
Une santé toujours brillante,
Aussi durable, aussi constante
Que le sera notre amitié !

Couplets chantés par une jeune dame.

Sur l'air : Daigne écouter, &c.

En vain ma voix refuseroit de rendre
Les sons joyeux qu'inspire le bonheur ;
Sans ce moyen, Henri sauroit m'entendre :
Qui connoît mieux le langage du cœur !

Dès le moment que ta fille fut mere,
Elle imita le chantre de nos bois :
Mais pour fêter un aussi tendre pere,
Le sentiment va lui rendre la voix.

Je te dois tout, cher auteur de ma vie ;
Tu me comblas des dons les plus flatteurs :
Le nœud charmant dont mon hymen me lie,
En le formant tu l'as tissu de fleurs.

Si ce doux fruit d'une heureuse alliance
Par moi respire, il respire pour toi :
De son bonheur je suis sûre d'avance ;
Comme sa mere il vivra sous ta loi.

STANCES.

Il faut aimer; sans l'amour notre vie
Est un fardeau pénible et douloureux :
Il faut savoir choisir sa bonne amie;
Notre bonheur dépend d'un choix heureux.

Les qualités de l'esprit et de l'ame
Sont ce qu'il faut d'abord considérer :
Celles du corps, qui ne peuvent durer,
Comptent pour peu dans le choix d'une femme.

Un revenu simple, mais suffisant,
Est nécessaire; il faut avoir l'aisance :
De nos besoins l'embarras renaissant
D'un doux moment trouble la jouissance.

Tout vous invite à vous donner la main ;
Vos cœurs sans doute étoient nés l'un pour l'autre :
Vous trouverez dans les nœuds de l'hymen
Votre bonheur; et vous ferez le nôtre.

ÉPÎTRE

SUR LES PROGRÈS

DE L'IMPRIMERIE.

ÉPÎTRE

SUR LES PROGRÈS

DE L'IMPRIMERIE.

A MON PERE.

Cet art qui tous les jours multiplie avec grace
Et les vers de Virgile et les leçons d'Horace;
Qui, plus sublime encor, plus noble en son emploi,
Donne un texte épuré des livres de la Loi,
Et, parmi nous de Dieu conservant les oracles,
Pour la religion fit ses premiers miracles;
Des grands événements cet art conservateur,
Trop ingrat seulement envers son inventeur,
N'a pas su nous transmettre avec pleine assurance
Le génie étonnant qui lui donna naissance.
Toi qui sus concevoir tant de plans à la fois,
A l'immortalité pourquoi perdre tes droits?

Pourquoi fuir des bienfaits la seule récompense,
Et dérober ton nom à la reconnoissance
Des siecles à venir et du siecle présent?

　Pour moi qui, sur tes pas conduit presque en naissant,
Peut-être quelque jour dois tenter la carriere
Dont tu sus le premier nous ouvrir la barriere,
Où mille autres depuis ont acquis tant d'honneur;
Moi, qui pourrois prétendre à ce même bonheur,
Guidé par une main sûre autant que chérie
Qui trace sous mes pas une route fleurie,
Je devrai mes plaisirs à tes premiers succès.
Eh! puissé-je à mon tour étendre les progrès
D'un art qui de mon pere exerça la constance,
Et qui sut me charmer dès ma plus tendre enfance!

　Des Grecs et des Romains ce bel art ignoré
Atteignit en naissant presque au plus haut degré;
Mais avec plus de droits il parvint à nous plaire
Quand un autre l'orna d'un plus beau caractere:
Tous deux se font valoir; et leurs communs efforts
Produisent à nos yeux d'harmonieux accords.

　Garamond, le premier, de la forme gothique
Dépouilla ses poinçons. Cette adroite pratique
Leur fit jusqu'à ce jour conserver tout leur prix;
De leur ensemble heureux l'œil est encor surpris:
Mais de la main du temps, dont tout ressent l'atteinte,
Ils portent avec eux l'ineffaçable empreinte.

Ses travaux les plus grands aujourd'hui sont perdus,
Et ses beaux types grecs ne se retrouvent plus.
Louis, qui dans les arts porte un regard de pere,
Pour réparer leur perte a fait choix de mon frere,
Qui, fier de cet honneur, source de ses progrès,
Va peut-être à jamais dissiper nos regrets.
Garamond a payé le tribut à l'envie,
Du mérite éclatant trop constante ennemie,
Dont la lâche vengeance, à l'effet toujours sûr,
Ne s'exerce qu'à l'ombre et sous un voile obscur.
Vainement elle a cru sa rage assez couverte :
Les types dont ici nous regrettons la perte
Rendront toujours hommage, en leur premier emploi,
Au burin de l'artiste, aux bienfaits d'un grand roi ;
Rien ne pourra jamais obscurcir sa mémoire,
Garamond d'Elzévir a cimenté la gloire.

Instruits par ses succès, formés par ses leçons,
Alexandre et Grandjean hasardent leurs poinçons :
Mais, hérissés de traits dont l'ensemble bizarre
N'offre qu'un rude aspect à l'œil qui les compare,
On les a condamnés presque d'un même accord ;
Et ceux de Garamond les effacent encor.

Luce, dont les poinçons n'ont qu'un foible mérite,
De ses fleurons nombreux nous offre en vain l'élite :
Tous ces colifichets de notre art sont exclus.

Que je plains cet artiste et ses soins superflus

Si, gouverné toujours par un ancien usage,
D'ornements étrangers il charge son ouvrage,
S'il pense en ses travaux soignés de toute part,
Sous un papier superbe, à l'aide de son art,
Nous masquer les défauts de son vieux caractere!
Je crois voir cette femme avide encor de plaire,
Qui voudroit par le fard déguiser sa laideur
Et relever ses traits sans forme et sans couleur;
Mais qui, loin d'effacer les traces de son âge,
Par les plus beaux dehors s'enlaidit davantage.
Qu'elle contrefait mal cette jeune Beauté
Dont la grace est l'effet de sa légèreté,
Riche de ses attraits, et simple en sa parure,
Qui ne doit son éclat qu'aux mains de la nature!
　　Baskerville a senti toutes ces vérités;
Il sembloit que le Goût marchât à ses côtés;
Et de ces vains fleurons il a banni l'usage:
Le simple est du vrai beau la plus parfaite image.
　　Un seul coup-d'œil porté sur les types anciens
Le décida bientôt à commencer les siens.
Chaque lettre par lui se para d'une grace;
Des pleins, des déliés il marqua mieux la place,
Et fit même douter qu'on pût aller plus loin.
Tandis qu'à la gravure il donnoit tant de soin,
Dans son art il suivoit la routine ordinaire:
Il n'y sut réformer un vice originaire;

Et n'en obtint jamais qu'un tirage inégal.

Eh! pourquoi donna-t-il un exemple fatal

Quand, par une manœuvre aux cartiers si connue,

Il lissa son papier, qui fatigue la vue?

En Espagne, Ibarra parut, et fut jaloux

De réunir lui seul les suffrages de tous:

Il eût même enlevé la palme au plus habile,

Et dans l'art d'imprimer surpassé Baskerville,

Si par un goût plus pur, un contour plus heureux,

Ses types rajeunis eussent charmé les yeux.

Ibarra, Baskerville, unissez vos merveilles:

Mais un seul vous retrace; et le fruit de ses veilles

Nous assure aujourd'hui le plus ample succès:

Par lui sur nos rivaux, l'Espagnol et l'Anglois,

On nous voit à la fois remporter l'avantage;

Et je puis, ô mon Pere, ici te rendre hommage

Seul, du sein de ton art, tu pris un libre essor;

Jaloux, par tes travaux, de l'enrichir encor,

Tu le considéras sous divers points de vue,

Et connus le premier toute son étendue.

De deux arts par tes soins embellis aujourd'hui,

Pour relever le tien, tu recherchas l'appui:

De tes poinçons nouveaux tu conçus le modele,

Ils prirent sous tes yeux une forme plus belle,

Et tu leur assignas des principes certains·

C'est à toi que l'on doit ces beaux papiers-vélins

Qu'Albion dès long-temps possédoit en silence,
Que même elle employoit sans choix, sans préférence,
Dont l'aspect plus uni, dont le tissu plus doux,
De ce nouveau succès te rendirent jaloux,
Et qu'à tes frais, aidé de ton intelligence,
Johannot, le premier, sut fabriquer en France.

Tes types sont connus ; ils ont porté leur fruit :
Louïs, l'ami des arts, par eux nous reproduit
De notre nation les plus brillants génies,
Comme au Louvre il admet leurs images chéries.

De ton sort glorieux, mon Pere, applaudis-toi ;
La REINE à tes travaux sourit comme ton Roi :
Compagne de Louïs, mere, épouse adorée,
Et de tous les François justement révérée,
Elle voit se former, d'un regard protecteur,
Les sources où son fils doit puiser le bonheur.
Hélas ! d'un noir chagrin trop long-temps consumée,
J'ai vu pour cet enfant sa tendresse alarmée :
De leur plus beau séjour les Ris étoient bannis,
Et les Graces en pleurs redemandoient les Ris ;
Ils quittoient à regret la retraite sacrée
Que son fils en naissant leur avoit assurée...
Fiers d'embellir des traits ombragés par les lis,
Revenez, accourez ; nos vœux sont accomplis :
Le Destin qui préside au bonheur de la France
A su lui conserver sa plus chere espérance ;

Il veut que cet illustre et tendre rejetton
Soutienne avec éclat la branche de Bourbon,
Et qu'il apprenne un jour à la race nouvelle
Que le meilleur des rois lui servit de modele.

Sois digne d'attester sa gloire et ses bienfaits,
Ô mon Pere, et de l'art hâte encor les progrès ;
Redouble tes efforts : fier d'imiter ton maître,
Surpasse, autant que lui, tout ce qu'on vit paroître.
Que l'univers contemple en tes heureux travaux
Et les vertus d'un sage et les faits d'un héros ;
L'affreuse servitude en tous lieux abolie,
L'horreur de nos prisons par ses soins adoucie,
La marine en vigueur, la liberté des mers,
Le commerce étendu, mille peuples divers
Réunis avec nous par le tribut d'hommage
Qu'ils s'empressent de rendre à son jeune courage,
Et répétant, frappés de ses faits inouis,
L'asyle des vertus est le cœur de Louïs.

Mais tandis qu'occupé du bonheur de la terre,
De ses nombreux sujets et l'idole et le pere,
Louïs dans tous les arts fait naître les succès,
Chez son auguste Frere ils ont un libre accès :
D'un poëte fameux honorant la mémoire,
Il réunit les arts pour relever sa gloire.
On va voir s'élever un nouveau monument
Consacré par le goût et par le sentiment

Au chantre harmonieux qu'a produit l'Italie,
A la gloire du Tasse. Eh bien! si ma patrie
Ne peut s'enorgueillir de t'avoir enfanté,
Modele de la grace et de la majesté,
Ah! du moins STANISLAS, à tes accords sensible,
Veut retracer tes vers avec tout l'art possible,
Et t'embellir encor d'un éclat emprunté:
Toi, par ce Prince illustre à jamais adopté,
Trouve ici ta patrie, au moins en apparence,
Et que ton plus beau nom soit le TASSE DE FRANCE.

 Et Toi, qui, toujours noble et grand dans tes plaisirs,
Pour embellir notre art et charmer tes loisirs,
As su former un choix d'écrivains pleins de grace
Dont l'esprit d'autres soins te distrait, te délasse;
Du plaisir de donner Toi qui sans cesse épris
Ajoutes tous les jours à ce recueil sans prix
Avec goût composé dans le champ le plus vaste;
Toi que l'on voit encor par un rare contraste
Adapter à tes traits doux et fiers tour-à-tour
L'air menaçant de Mars, l'air riant de l'Amour,
Ô PHILIPPE, pardonne à ma muse indiscrete
De n'avoir su tracer qu'une esquisse imparfaite
De tant d'heureux talents et d'agréments divers;
Et permets-moi du moins d'apprendre par ces vers
Que le desir pressant qu'il conçut de te plaire
Produit seul aujourd'hui les types de mon Pere.

Mais si ces types même ont de légers défauts,
Mon frere en fait encore espérer de plus beaux:
Le zele qu'à son fils mon Pere communique
Lui fit pour coup d'essai graver un italique
D'un goût pur, délicat, d'un fini précieux,
Et dont l'éloge est fait dès qu'il paroît aux yeux.

Avant lui le plus beau que l'on ait pu connoître,
Qui réunit les goûts dès qu'on le vit paroître,
Fut, dans ces derniers temps, l'ouvrage de Fournier.
Mais que le pas qu'il fit étoit loin du dernier!

J'ai joui du plaisir de voir mon heureux frere
Façonner sous ses doigts la gloire de mon Pere;
Maintenant je parcours des prodiges nouveaux,
Et de mon Pere seul j'admire les travaux.

Tout dans ses atteliers a pris une autre face;
Des usages anciens ils n'offrent plus la trace;
Et son art, asservi sous de nouvelles loix,
Est recréé par lui. Chaque page autrefois
Dans des bois inégaux gauchement enchâssée,
Aujourd'hui, par la fonte également pressée,
N'a plus à redouter aucun effet de l'eau,
Et conserve à la fois l'équerre et le niveau.
Tous ces grotesques mots, *gaillarde, trismégiste,*
Gros texte, gros canon... fastidieuse liste
Des vains noms qu'ont portés tant de types divers,
Et dont le seul récit attristeroit mes vers;

Noms qui de leur grosseur et de leur différence
N'ont pu donner encor la moindre connoissance;
Il sut les transformer en d'autres plus heureux
Qui marquent clairement tant de rapports entre eux.
   Son nouveau typometre offre une regle sûre:
Chaque type s'accroît par égale mesure;
Et la gradation qu'avec art il suivit
Est aussi juste à l'œil qu'elle est claire à l'esprit.
   C'est lui qui, le premier, d'une presse nouvelle
A ses imitateurs a tracé le modele;
Et c'est publiquement qu'ils osent se vanter
D'un chef-d'œuvre connu qu'ils n'ont fait qu'imiter!
Enfin, par le secours d'une simple machine,
Avec tant de justesse il dresse une platine,
Qu'en toute sa surface au hasard présenté
Le cheveu le plus fin, sous la regle arrêté,
Se rompt au moindre effort. C'est par cette justesse
Qu'il demande un chef-d'œuvre, et l'obtient de sa presse.

   Vous dont la modestie annonce les talents,
Pourrez-vous refuser d'un fils le juste encens?
Ces artistes fameux sur qui mon œil s'arrête,
Eux-mêmes, comme moi, vous mettroient à leur tête.

NOTES

DE L'ÉPÎTRE.

Page 103, vers 5.

Et, parmi nous de Dieu conservant les oracles,
Pour la religion fit ses premiers miracles;

Ce ne fut que vers le milieu du quinzieme sie-
cle que l'art de l'Imprimerie fut inventé. Les pre-
miers livres imprimés que l'on connoisse sont une
Bible latine en 2 vol. in-fol. sans lieu d'impression
et sans date, et le Psautier de chœur imprimé à
Mayence en 1457, in-fol. La conformité, aussi
parfaite qu'étonnante, que l'on remarqua entre les
premiers exemplaires imprimés, fit soupçonner
qu'ils étoient produits par quelque art magique.

Page 103, vers 9.

N'a pas su nous transmettre avec pleine assurance
Le génie étonnant qui lui donna naissance.

On est encore incertain, et probablement on le
sera toujours, sur le véritable auteur de la décou-
verte de l'Imprimerie. Plusieurs villes, Harlem,

Gernsheim, Strasbourg, Mayence, se disputent l'honneur de lui avoir donné le jour. Harlem cite Laurent Coster, communément regardé par les Hollandois comme l'inventeur de l'Imprimerie, mais qui ne le fut tout au plus que de la gravure en lettres sur bois : Gernsheim nomme, avec plus de vraisemblance, Pierre Schœffer : Strasbourg croit pouvoir leur opposer Jean Guttemberg, qui s'occupa le premier de cet art : et Mayence se vante d'avoir produit Jean Fust ou Faust. Quoi qu'il en soit de ces différentes opinions, il est vraisemblable que c'est à Mayence, ville d'Allemagne, que s'en fit la première découverte, et que c'est à l'association de Fust, Guttemberg et Schœffer, que nous sommes redevables de cette précieuse invention.

Page 104, vers 12.

Eh ! puissé-je à mon tour étendre les progrès
D'un art qui de mon pere exerça la constance,
Et qui sut me charmer dès ma plus tendre enfance !

Que l'on attribue à une espece d'enthousiasme et non à un motif d'amour propre ce souhait que, sans témérité, je ne pourrois espérer d'accomplir, parceque j'ai appris sous mon pere à considérer toute l'étendue des connoissances essentielles à un bon Imprimeur.

Un bon Imprimeur, dit-il, doit faire la nuance entre l'homme de lettres et l'artiste. Il n'est pas nécessaire qu'il soit homme de lettres, il s'occuperoit trop exclusivement de quelques parties qui auroient plus d'attraits pour lui ou qu'il auroit plus étudiées : mais il faut qu'il ait sur presque toutes des notions générales, afin que les diverses matieres contenues dans les ouvrages dont on lui confie l'exécution ne lui soient pas tout-à-fait étrangeres. Il lui importe sur-tout d'être bon grammairien; et il seroit à desirer qu'à la connoissance de la langue latine, exigée par les réglements, il joignît celle du grec et de deux ou trois langues vivantes les plus répandues. Les principes de la méchanique doivent lui être assez familiers pour qu'il puisse les appliquer utilement à son art. Enfin il doit être exercé dans les fonctions manuelles des ouvriers, afin de les diriger dans leurs travaux et de leur indiquer les méthodes les plus promptes et les plus sûres.

Je sens combien ces connoissances sont au-dessus de mon âge et de mon expérience, puisque je vois mon pere travailler encore tous les jours à les acquérir.

Page 104, vers 15.

Des Grecs et des Romains ce bel art ignoré
Atteignit en naissant presque au plus haut degré;

Voilà sans doute la cause des progrès lents, et pour ainsi dire insensibles, de l'Imprimerie depuis son origine. Comme on en obtint d'abord à-peu-près tout ce que l'on crut nécessaire, c'est-à-dire plus de célérité pour multiplier les copies, et une plus grande facilité pour les lire, on négligea long-temps de perfectionner un art si utile: et les premieres presses, successivement remplacées par de nouvelles absolument semblables, servent encore de modele à la plupart de celles que l'on construit tous les jours.

Page 104, vers 17.

Mais avec plus de droits il parvint à nous plaire
Quand un autre l'orna d'un plus beau caractere:

Cet art est celui de tailler les poinçons sur l'acier. Lorsque ces poinçons sont achevés et trempés, on les frappe dans une petite piece de cuivre que l'on nomme alors matrice. C'est dans ce creux, que l'œil des caracteres d'imprimerie prend sa forme, lorsqu'on les fond. On conçoit la liaison intime de ces deux arts, et combien la perfection de l'un influe sur celle de l'autre.

Page 104, vers 21.

Garamond, le premier, de la forme gothique
Dépouilla ses poinçons.

*Claude Garamond, né à Paris, célebre Graveur
et Fondeur de caracteres d'imprimerie, commença
à se distinguer vers l'an 1510. Ses caracteres, répandus dans les pays étrangers, sont généralement estimés, et l'on s'en sert encore dans presque
toutes les imprimeries de la capitale.*

Page 105, vers 12.

Les types dont ici nous regrettons la perte
Rendront toujours hommage, en leur premier emploi,
Au burin de l'Artiste, aux bienfaits d'un grand Roi;

*François I encouragea les talents de Garamond,
et lui donna ordre de graver trois caracteres grecs
de grosseur différente: malheureusement ils sont
perdus ou détruits; mais on pourra toujours juger
de leur beauté dans les éditions grecques de Robert
Étienne. Pour réparer autant qu'il est possible la
perte de ces caracteres, le Roi a ordonné à mon
frere d'en graver de nouveaux. Encouragé par des
ordres si honorables pour lui, il y a lieu de croire
qu'il aura autant de succès dans la gravure des
caracteres grecs, qu'il en a eu dans celle des romains et des italiques.*   11

Page 105, vers 17.

Instruits par ses succès, formés par ses leçons,
Alexandre et Grandjean hasardent leurs poinçons.

Ces deux artistes ont gravé pour l'imprimerie royale. Leurs caracteres romains sont à-peu-près imités de ceux de Garamond pour la forme de la lettre : seulement ils l'ont chargée de traits horizontaux qui la défigurent. Une l, *par exemple, est tranchée haut et bas d'une ligne transversale; de plus elle est flanquée d'un trait latéral dans le milieu. Tous ces petits arrêts multipliés heurtent la vue et nuisent à la netteté du coup-d'œil, qui consiste principalement dans la simplicité.*

Page 105, vers 23.

Luce, dont les poinçons n'ont qu'un foible mérite,
De ses fleurons nombreux nous offre en vain l'élite:
Tous ces colifichets de notre art sont exclus.

Parmi les caracteres généralement mauvais que Luce a gravés, et dont heureusement on ne se sert point à l'imprimerie royale, il a pris plaisir à en faire un si petit, qu'il échappe à la vue; et il lui a donné son nom. A la vérité il a mieux réussi dans un grand nombre de fleurons, qui cependant ne seront jamais adoptés par un Imprimeur qui aura véritablement du goût.

Page 106, vers 15.

Baskerville a senti toutes ces vérités;
Il sembloit que le Goût marchât à ses côtés.

Baskerville, né vers l'an 1715, exerça avec le plus grand succès son talent à Birmingham, petite ville d'Angleterre. Sa premiere édition du Virgile in-4, imprimée en 1757, est une de celles qui ont fait sa réputation.

Page 106, vers 25.

Dans son art il suivoit la routine ordinaire :
Il n'y sut réformer un vice originaire,
Et n'en obtint jamais qu'un tirage inégal.

Ce vice a toujours existé depuis la construction de la premiere presse. Il est occasionné par la pression successive, d'abord de la premiere moitié de la feuille, ensuite de l'autre moitié. Il est inévitable que dans ces deux pressions alternatives on n'anticipe quelquefois un peu à la premiere sur la portion de la seconde; et alors en procédant à la seconde on foule de nouveau la partie déja foulée à la premiere pression : ce qui cause le plus souvent un doublage, ou au moins un certain louche désagréable. Un autre désavantage non moins considérable, et qui résulte toujours de cette double pression, c'est que, si on avance plus ou moins la forme à la première ou à la seconde de ces deux pressions, une hausse de papier placée avec intelligence pour corriger quelque défaut de la platine, loin de remédier à ce défaut, va nécessairement en produire un autre en ne se rencontrant pas juste à l'endroit pour lequel elle étoit destinée. On verra bientôt à qui l'on doit une réforme si nécessaire.

Page 107, vers 2.

Eh! pourquoi donna-t-il un exemple fatal
Quand, par une manœuvre aux cartiers si connue,
Il lissa son papier, qui fatigue la vue?

Rien n'est si facile que de lisser le papier après l'impression. Quelques personnes ont regardé cette opération de Baskerville comme un secret important. Mais d'abord ce n'est pas un secret; quand c'en seroit un, il ne faudroit point encore chercher à le découvrir. Que des cartiers lissent leurs cartes, ce qui se pratique en les frottant avec un caillou poli; rien de mieux: cette manœuvre leur est nécessaire afin qu'elles puissent se détacher sans peine, et glisser plus facilement l'une sur l'autre. Mais on ne tarderoit pas à s'appercevoir de l'inconvénient qu'il y auroit pour la vue à suivre une pareille méthode pour les livres imprimés.

Page 107, vers 5.

En Espagne, Ibarra parut, et fut jaloux
De réunir lui seul les suffrages de tous : etc.

Joachim Ibarra, en imprimant à Madrid en 1772 *le* Salluste *traduit en espagnol par l'*Infant Don Gabriel, *a fait l'étonnement et l'admiration des connoisseurs. Ce qui les a frappés le plus dans cette magnifique édition, c'est l'égalité du tirage, qui n'avoit jamais encore été si parfaite. On regrette seulement que la version du Prince ait été imprimée en caracteres italiques.*

Mon pere a donné un témoignage public de son admiration pour la beauté de l'exécution typographique de cet ouvrage, dans une note qui se trouve à la page xc *des Prolégomenes de M. de Villoison sur le roman pastoral de* Daphnis et Chloé, *qui a paru en* 1778. *Mais les caracteres n'ont pas une forme agréable, et ne sont pas parfaitement alignés : ils auroient eu plus de grace si les traits commençant chaque lettre étoient plus déliés, et ouverts à angle droit au lieu d'être obliques ; il faudroit encore que les pleins marquassent le milieu et non le bas des lettres rondes. Le papier employé à cette édition, quoique beau, n'est pas aussi remarquable que l'exécution typographique.*

Page 107, vers 21.

De deux arts par tes soins embellis aujourd'hui,
Pour relever le tien, tu recherchas l'appui.

Après la lecture et la correction des épreuves, qui est la partie principale de l'Imprimeur, il ne lui reste plus qu'à prendre, sur le plus beau papier qu'il puisse se procurer, l'empreinte la plus exacte possible des caracteres. Mais si son papier n'est pas véritablement beau, s'il ne peut avoir que des caracteres imparfaits, quelque soin qu'il prenne d'ailleurs pour réussir, il ne peut prétendre à de grands succès.

Ce sont ces considérations qui ont engagé mon pere à faire, en 1776 et 1777, différents voyages dans quelques papeteries, pour animer de son zele les Fabricants qui lui semblerent dès lors mériter la préférence, d'après l'examen impartial des plus beaux papiers de France : ce sont elles qui l'ont porté à former un ouvrier pour graver de nouveaux caracteres sous ses yeux et d'après ses principes, et qui l'ont déterminé à établir une fonderie nouvelle en toutes ses parties, pour fixer entre les différents corps de caracteres une correspondance parfaite, d'après des mesures invariables et connues qu'il avoit adoptées.

Page 107, vers 26.

C'est à toi que l'on doit ces beaux papiers-vélins
Qu'Albion dès long-temps possédoit en silence,
Que même elle employoit sans choix, sans préférence,

Les faits relatifs à la fabrication du papier-
vélin en France ont déja été exposés dans les no-
tes de la premiere édition de cette Építre : j'avois
eu l'attention de ne nommer personne. Mais puis-
qu'on cherche encore actuellement à obscurcir ces
faits, je vais les présenter au public dans un plus
grand détail : il jugera alors les prétentions et les
motifs de quelques personnes qui, par des asser-
tions hasardées d'abord dans quelques journaux,
renouvellées ensuite dans des brochures anonymes,
et publiées dans des ouvrages imprimés, ont tenté
d'enlever à MM. Johannot d'Annonai le foible
avantage d'avoir les premiers fabriqué en France
les papiers-vélins. Je dis foible avantage, puisque
la fabrication de ces papiers est parfaitement sem-
blable en toutes ses parties à celle des papiers or-
dinaires, la seule différence ne consistant qu'en
la disposition des fils de laiton qui composent la
toile dont les chassis sont couverts.

Vers la fin de 1779, je m'apperçus que le pa-
pier de l'Epreuve des caracteres d'un fondeur an-

glois nommé Caslon *n'avoit ni pontuseaux ni verjures. Mes recherches me firent connoître que cette fabrication n'étoit point récente en Angle-terre, et que la première édition du* Virgile de Baskerville, *qui parut en* 1757, *étoit imprimée en grande partie sur cette sorte de papiers, depuis la* page 17, *ou* 25 *dans quelques exemplaires, jusqu'à la page* 223 *inclusivement.*

Regrettant que cette fabrication ne fût point encore introduite en France, j'étudiai au microscope le tissu de ces papiers, et je reconnus que les formes sur lesquelles ils avoient été fabriqués étoient recouvertes d'une toile de laiton tissue selon la maniere des tisserands, à la différence des formes des papiers ordinaires qui sont recouvertes de fils de laiton posés parallèlement, très près les uns des autres, que l'on nomme verjures, *et soutenus de distance en distance par des traverses nommées* pontuseaux.

J'envoyai aussitôt à MM. Johannot, pere et fils, un feuillet que je détachai de ce livre d'Épreuve; je leur communiquai mes observations en les priant d'y joindre les leurs, et je les excitai par les motifs les plus puissants pour des François, par ceux de l'honneur, à tenter cette fabrication. Je me chargeai d'en faire tous les frais.

Ces Fabricants, dont le zele pour les progrès de leur art est reconnu depuis long-temps dans le commerce, et prouvé par des certificats authentiques, saisirent avec ardeur cette proposition. Ils firent tisser la toile en laiton par un ouvrier que je parvins à découvrir après beaucoup de recherches, et m'envoyerent, à la fin de juin 1780, quelques mains d'essai de ces papiers, auxquels je donnai alors, pour les distinguer des autres, le nom de papiers-vélins, parceque, placés entre l'œil et le jour, ils me présenterent l'aspect du vélin, qui est une peau de veau préparée pour l'écriture.

Satisfait des épreuves qui furent faites sur un des ouvrages qui étoient alors sous presse, et dont je parlerai bientôt, j'entrepris en grand la fabrication de ces papiers. Je ne me laissai point décourager par toutes les difficultés que MM. Johannot rencontrerent dans l'exécution, persuadé que leur expérience, soutenue par leur zele et par un travail constant, leveroit ces obstacles; et pour plus grande facilité, je les autorisai à faire tisser la toile en fils d'argent.

J'eus enfin la satisfaction de recevoir, en décembre 1781, une partie de papier-vélin grand raisin, qui me servit à imprimer aussitôt, pour essai des nouveaux caracteres de ma fonderie, un Comte al-

legorique *que j'avois extrait* des OEuvres de Madame la Marquise de Montesson, *dont je fis deux
éditions in-4; et, quelques mois après, j'imprimai
sur le même papier et du même format un* Extrait
du Poëme des Jardins, *que j'eus l'honneur de présenter à* Monseigneur Comte d'Artois.

*La distribution de ces deux Extraits dans le
public fit connoître ces papiers qui y étoient dési-
gnés sous le nom de* papier-vélin de France. *Elle
excita aussitôt l'émulation de quelques Fabricants,
qui entreprirent d'en faire de semblables.*

A la fin de 1782, *madame Lagarde, associée de
M. Réveillon, et que je ne connoissois pas, s'em-
pressa de venir me montrer quelques feuilles de
couronne, premiers essais de leur papier-vélin.
Comme j'avois fait beaucoup de démarches pour
trouver en France, ne voulant rien devoir à l'industrie des étrangers, un ouvrier qui pût tisser de
la toile en fils de laiton, je demandai à madame
Lagarde comment elle s'étoit procuré de cette toile. Sa réponse fut qu'elle l'avoit fait venir d'Angleterre, et qu'une aune, qui avoit suffi, ne lui
avoit coûté que vingt-quatre livres.*

*Quelques semaines après cette visite de l'asso-
ciée de M. Réveillon, MM. Pierres et Moutard, qui
peut-être n'avoient point eu connoissance des deux*

Extraits dont j'ai parlé ci-dessus, annoncerent dans des prospectus et dans des journaux, au commencement de janvier 1783, chacun un petit ouvrage dont quelques exemplaires devoient être imprimés sur du papier-vélin de M. Réveillon, qu'ils se hâterent de décorer du titre de premier Fabricant de ces papiers en France, et deux ans après, dans le journal de Paris du 4 octobre 1785, M. Réveillon, par reconnoissance pour M. Pierres, lui fit un mérite d'avoir été le premier qui eût imprimé sur ce papier.

Peu curieux des petits moyens de célébrité, je dédaignai de réclamer dans le temps contre la vaine prétention de ces messieurs, parceque je ne mettois pas plus d'importance à la fabrication de ces papiers, que les Anglois, qui en faisoient depuis plus de trente années, n'y en avoient mis eux-mêmes.

Mais je me crus obligé de déclarer la vérité et d'agir pour MM. Johannot, lorsque M. d'Ormesson, contrôleur général, me fit l'honneur de me dire, au mois de mai 1783, que M. Réveillon sollicitoit une médaille pour avoir fait, le premier, du papier-vélin en France. Surpris qu'on osât demander une récompense pour si peu de chose, je dis alors la vérité à ce Ministre: je lui demandai la permission de réclamer cette médaille pour MM. Johannot, et je lui adressai le lendemain un mémoire qui prouvoit pour eux une antériorité de plus de deux années sur le sieur Réveillon, par des faits incontestables, par une des épreuves faites en juillet 1780 sur les premieres mains d'essai de ce papier qu'ils m'avoient envoyées. Cette épreuve contenoit neuf pages dont une étoit le frontispice du tome II d'Ollivier de la Collection de Monseigneur Comte d'Artois.

La lecture de ce mémoire fit connoître alors que M. Réveillon étoit mal fondé dans ses prétentions de primauté: on lui refusa la médaille. Mais elle ne fut point encore accordée à MM. Johannot.

Quelque temps avant que ces Fabricants s'occupassent de la maniere de faire ces papiers, le hasard avoit fait tomber entre les mains de MM. Montgolfier un morceau de gaze ou réseau en fils de laiton, tissu aux environs de Lyon pour une manufacture de boutons de métal. L'apparence de conformité entre ce réseau et la toile ordinaire donna l'idée d'essayer si cette nouvelle toile rendroit moins sensible sur le papier l'ombre que forment les pontuseaux. M. Desmarest, de l'académie des sciences, à qui l'on doit d'excellents mémoires sur des objets utiles, entre autres sur la papeterie, étoit présent à ces essais, qui se firent en novembre 1779, et dont le résultat fit soupçonner que cette toile à réseau pourroit servir à imiter un papier anglois sans pontuseaux ni verjures, que cet académicien avoit apporté. Mais MM. Montgolfier ne suivirent point alors ces essais; et lorsqu'ils firent du papier-vélin, on connoissoit depuis long-temps celui de MM. Johannot, qui ont tellement perfectionné cette fabrication, qu'ils font actuellement le grand-aigle vélin, de 39 pouces de long sur 26 de large.

Si MM. Montgolfier sont entrés les premiers dans la carriere, ils ne l'ont point suivie : MM. Johannot l'ont parcourue toute entiere, et ont atteint le but. D'après ces considérations on a envoyé la médaille à MM. Johannot; et on en a aussi donné une à MM. Montgolfier.

J'espere que cet exposé simple des faits engagera M. Réveillon à ne plus renouveller, ni d'autres pour lui, ses prétentions de primauté en fabrication de papier-vélin en France. Au reste, quoi que l'on puisse dire par la suite, je renverrai pour toute réponse à cette note et à celle sur la presse de M. Anisson fils, ci-après page 137.

DIDOT L'AÎNÉ.

Page 108, vers 7.

Tes types sont connus; ils ont porté leur fruit:
Louïs, l'ami des arts, par eux nous reproduit
De notre nation les plus brillants génies,
Comme au Louvre il admet leurs images chéries.

*Mon pere imprime par ordre du Roi, pour l'É-
ducation de M*ˢ*ʳ le Dauphin, la collection des bons
Auteurs nationaux et latins. Sa Majesté fait placer dans la galerie du Louvre les statues des grands
hommes qui ont fait honneur à la France.*

Page 109, vers 22.

Chez son auguste Frere ils ont un libre accès:

*Monsieur, Frere du Roi, a voulu que mon pere
fût chargé de l'impression de la* GERUSALEMME
LIBERATA. *Ce Prince a choisi les sujets de 40 es-
tampes: il a confié l'exécution des dessins à M.
Cochin, et celle de la gravure à M. Tilliard.*

Page 110, vers 11.

Et toi, qui, toujours noble et grand dans tes plaisirs,
Pour embellir notre art et charmer tes loisirs,
As su former un choix d'écrivains pleins de grace, etc

*Monseigneur Comte d'Artois a commencé dès
l'an 1780 une collection d'ouvrages de son choix,*

composée en partie des plus jolis romans que l'on connoisse : elle se monte actuellement à 64 vol. Ce Prince fait présent des exemplaires de cette édition imprimée par ses ordres.

Page 111, vers 7.

Avant lui le plus beau que l'on ait pu connoître,
Qui réunit les goûts dès qu'on le vit paroître,
Fut, dans ces derniers temps, l'ouvrage de Fournier.

Les caracteres italiques de Fournier le jeune ont été généralement adoptés. Ils sont si répandus, que les personnes qui seront curieuses d'en faire la comparaison avec ceux de mon frere trouveront facilement l'occasion de se satisfaire.

Page 111, vers 10.

Mais que le pas qu'il fit étoit loin du dernier!

Je ne veux pas dire que mon frere ait porté au dernier point la gravure des caracteres italiques. Il y a tout lieu de croire que par la suite il pourra se perfectionner encore, puisque le caractere de la premiere édition de cette Epître, nommé le 12, qu'il a gravé à l'âge de dix-neuf ans, est inférieur à celui de ces Notes, nommé le 8, qu'il a gravé depuis, ainsi qu'à celui de l'Approbation du censeur de cet ouvrage, nommé le 10, qu'il vient de

finir. On jugera de ses caracteres romains, en exa-
*minant dans ce volume celui de l'*Avertissement,
nommé le 9, *et celui de la* Poésie, *nommé le* 8.

Page 111, vers 18.

Chaque page autrefois

Dans des bois inégaux gauchement enchâssée,
Aujourd'hui par la fonte également pressée,
N'a plus à redouter aucun effet de l'eau, etc.

Jusqu'ici les garnitures, c'est-à-dire les pieces qui, entourant chaque page d'une forme, en composent les marges, étoient par-tout en bois. On sait combien le bois est sujet à se tourmenter par lui-même. d'ailleurs il renfle plus ou moins dans l'eau lorsqu'on lave le caractere avant et après le tirage. Pour parer à cet inconvénient, mon pere se sert de garnitures de même matiere que les caracteres : elles sont creuses pour plus grande légèreté.

Page 111, vers 23.

Tous ces grotesques mots, *Gaillarde, Trismégiste,*
Gros Texte, Gros Canon..... fastidieuse liste
Des vains noms qu'ont portés tant de types divers, etc.

Je n'ai pu rapporter la liste complete de tous les caracteres d'imprimerie : cette longue énumération eût été trop fastidieuse en vers. La voici :

parisienne, nompareille, mignonne, petit texte, gaillarde, petit romain, philosophie, cicéro, saint-augustin, gros texte, gros romain, petit parangon, gros parangon, palestine, petit canon, trismégiste, gros canon, etc.

Ces noms singuliers, qui ne donnent aucune notion de la grosseur des caracteres ni de leur correspondance entre eux, deviennent encore plus ridicules lorsqu'on y ajoute l'épithete gros-œil, *pour désigner les caracteres à grosse panse et à queue courte, qu'on auroit pu nommer* mons-trueux, *puisqu'ils sont hors de proportion.*

Comme la gradation progressive des caracteres n'a jamais été bien strictement observée, mon pere s'est déterminé, pour obtenir une précision si né-cessaire, à former une fonderie d'après des mesu-res fixes et invariables. Les voici:

La ligne de pied-de-roi, divisée en 6 metres ou mesures égales, sert en même temps à graduer et à dénommer les différents caracteres. Le plus pe-tit se nomme le 6, parceque son corps a les 6 me-tres, ou la ligne juste de pied-de-roi. Celui qui le suit immédiatement est le 7, composé d'une ligne de pied-de-roi et d'un metre de plus. Le 8, le 9, le 10, le 11, augmentent également de grosseur, et par les mêmes gradations toujours aussi précises.

Le 12 a deux lignes juste de pied-de-roi : ce caractere, déja un peu fort, commence la seconde classe, dont chaque corps est double de la premiere. Dans cette seconde classe la gradation procede de deux metres en deux metres toujours régulièrement. Les caracteres qui suivent le 12 sont le 14, le 16, le 18, le 20. Les caracteres de cette seconde classe sont aussi exactement doubles de ceux de la premiere, qu'en arithmétique 12 est double de 6, 14 de 7, etc.

Baskerville a toujours joui exclusivement de ses caracteres : mon pere offre les siens à ses confreres au prix courant des caracteres ordinaires.

Page 112, vers 5.

Son nouveau typometre offre une regle sûre :
Chaque type s'accroît par égale mesure ;
Et la gradation qu'avec art il suivit
Est aussi juste à l'œil qu'elle est claire à l'esprit.

Comme on est obligé de parler souvent du corps des caracteres, on va tâcher de faire comprendre ce que ce mot signifie en terme d'imprimerie : on donnera ensuite la description et l'usage du typometre.

Les caracteres étant supposés debout et vus en dessus, situation qu'ils ont lorsqu'on les emploie, représentent des parallélipipedes, ou carrés longs solides, qui ont les trois dimensions géométriques, longueur, largeur, profondeur, *que l'on nomme* corps, épaisseur, hauteur.

Le corps *est donc l'étendue nécessaire pour porter la figure de la lettre dans toute sa longueur. Les lettres* a, e, m, n, *occupent au milieu un peu plus du tiers de cette étendue : le reste est partagé également dessus et dessous ; le dessus reçoit les têtes des* b, d, h, *et les accents des voyelles* à, é ; *le dessous reçoit les queues des* p, q, y, *et la cédille du* ç. *Les capitales* Ç, Q, *tiennent le corps entier.*

*L'*épaisseur *est déterminée par la largeur de* chaque lettre : *l'*m *est plus épaisse que l'*i.

La hauteur *est la profondeur de la tige qui porte l'œil de la lettre, prise de la surface de l'œil jusqu'au pied de la tige. Cette hauteur, qui est la même pour tous les caractères gros et petits, se* nomme hauteur en papier : *elle est fixée par les réglements à* 10 *lignes et demie.*

Le typometre *est un étalon pour la* mesure *du* corps des caracteres. *C'est une platine d'acier, bordée en saillie par une équerre de même métal : un de ses côtés, mesuré en dedans de l'équerre, est de* 10 *lignes et demie de pied-de-roi ; l'autre côté, mesuré* également en dedans, *a* 48 *lignes ou* 288 *metres, la ligne étant divisée en* 6 *metres. Ainsi le typo-*

metre sert à vérifier en même temps le corps des caracteres et leur hauteur en papier.

Pour cet effet on couche les caracteres sur la platine en les plaçant corps contre corps. Ils doivent y entrer en nombre déterminé d'après leur grosseur, et le dernier de ce nombre doit affleurer l'extrémité du typometre. Le caractere nommé le 6, parcequ'il a six metres ou une ligne de pied-de-roi, y entre au nombre de 48 ; le 8, au nombre de 36 ; le 9, au nombre de 32.

Le corps 8 est la seule fraction employée pour les corps dont un nombre déterminé ne peut compléter le typometre : ainsi 28 corps du caractere nommé le 10, et 40 de celui nommé le 7, ne faisant pour chacun que 280 metres, on ajoute un corps 8 pour compléter les 288 metres, longueur fixe de l'étalon.

Par ce moyen on est toujours assuré de la juste proportion des corps et de leur parfaite correspondance : résultat très important, nécessaire sur-tout pour les opérations compliquées de l'algebre, et qui a été le premier objet dont mon pere s'est occupé lorsqu'il a formé sa fonderie.

M. Simon Pierre Fournier n'auroit rien laissé à desirer en cette partie, s'il s'étoit servi invariablement d'une mesure fixe et connue, au lieu de *la mesure idéale qu'il s'est faite pour suivre une apparence de gradation entre les corps, existante depuis long-temps dans l'imprimerie, et pour y ramener ceux qui s'en écartoient.*

Page 112, vers 9.

C'est lui qui, le premier, d'une presse nouvelle
A ses imitateurs a tracé le modele :
Et c'est publiquement qu'ils osent se vanter
D'un chef-d'œuvre connu qu'ils n'ont fait qu'imiter!

Un imprimeur qui craignoit d'être plus long-temps coupable en différant de suivre les traces qui ne lui étoient encore qu'indiquées, *M. Anisson le fils, directeur de l'imprimerie royale, vint un jour dans mon imprimerie au commencement de l'année* 1781, *pour voir mes presses à un coup. La seconde fixa particulièrement son attention. A peine fut-il sorti, qu'il revint à la hâte accompagné d'un ouvrier mécanicien en presse, nommé Pagnier, qui prit les mesures et les dimensions de cette presse, et qui s'assura sur-tout de l'inclinaison des filets de la double vis, en mesurant la descente de la platine pendant la révolution d'un quart de tour de cette vis. D'après ces mesures il fit faire par cet ouvrier une presse semblable.*

Ce fait est consigné dans la lettre suivante:

Monsieur,

N'y auroit-il pas d'indiscrétion de vous prier de vouloir bien permettre que le porteur de la présente, qui est un homme a moi, *examine encore une fois votre belle presse*, et qu'il prenne même des mesures générales de proportion, nécessaires à la construction d'une presse que je fais faire, mais qui n'aura sûrement jamais la perfection de la vôtre? Ce sera, monsieur, une nouvelle obligation que je vous aurai; et ce sera sûrement la dernière fois que je prendrai la liberté de vous importuner.   J'ai l'honneur d'être, etc.

Anisson fils.

Deux ans après, M. Anisson fils, qui avoit oublié cette lettre dont il m'avoit honoré, ainsi que la visite qu'il avoit faite à ma presse, s'imagina avoir inventé la sienne, et prit date à l'académie. Cet oubli me surprit, mais j'y avois peut-être donné lieu par le silence que j'avois gardé à l'égard de M. Réveillon, qui avoit tenu la même conduite pour sa primauté en fabrication du papier-vélin.

M. Anisson lut donc à l'académie royale des sciences, le 3 mars 1783, un mémoire fort bien écrit: la supériorité de sa presse sur les anciennes y est présentée d'une manière spécieuse; les talents de l'Inventeur y sont exposés avantageusement.

Pour entrer dans les vues de M. Anisson, je vais donner l'analyse de ce mémoire : il a voulu sans doute le transmettre à la postérité, puisqu'il l'a fait imprimer en 1785, dans le tome X des Mémoires de mathématiques et de physique des savants étrangers, *page* 613.

Dès le commencement M. Anisson dit : Que l'art de l'imprimerie est encore au berceau : Qu'il craint d'être plus long-temps coupable en différant de suivre les traces qui ne lui sont encore qu'indiquées : Qu'il desire que sa patrie ne puisse partager avec d'autres le titre de l'avoir, la premiere, porté au plus haut point de perfection ; qu'il sent tout le fardeau de cette obligation, mais que la faveur qui lui est accordée par l'académie lui donne le courage de l'entreprendre : Que lorsqu'il a voulu puiser les premieres notions de cet art qu'il a depuis SI FORT APPROFONDI, il a cherché en vain l'analyse des causes et des effets, etc. etc.

Ce début est suivi de la description des moyens qu'il a employés pour remédier aux parties qu'il trouve défectueuses dans les presses anciennes. Ces moyens de réforme me font connoître que l'examen scrupuleux qu'il fit de ma presse, avec son ouvrier, ne lui a pas été inutile.

Je dois cependant excepter la construction de la

vis, partie la plus essentielle d'une presse : celle dont il s'est servi est entièrement de sa façon.

J'ai dit ci-dessus que son ouvrier mécanicien avoit mesuré l'espace parcouru par la descente de ma platine pendant la révolution d'un quart de tour de la double vis, dont les deux bouts étoient taraudés l'un à droite, l'autre à gauche : ce résultat lui donnoit le degré d'inclinaison des pas de cette vis aussi exactement que s'il l'eût pris avec un compas. Cependant, ou M. Anisson, qui connoissoit l'effet, n'a pas su remonter à la cause, ou bien le desir d'innover l'engagea à s'y prendre d'une maniere bien extraordinaire. Il est vrai qu'il n'augmenta pas beaucoup la force de sa vis, ce qui l'inquiéta peu ; mais il se rapprochoit du résultat qu'il avoit trouvé en mesurant la descente de ma platine, ce qui l'intéressoit beaucoup.

J'ai imaginé, dit-il page 619, *une vis avec deux pas, l'un en haut, l'autre en bas, inclinés de maniere que lorsque la vis descend de dix lignes, la platine qui y est attachée ne descende néanmoins que d'un peu plus de trois lignes.*

Comme il n'est pas facile de concevoir qu'un solide qui descend de 10 *lignes par un bout ne descende néanmoins par l'autre que d'un peu plus de* 3 *lignes, je vais développer son procédé.*

M. *Anisson vouloit que sa nouvelle presse fou-*
lât en un seul coup, comme les miennes, la feuille
de papier dans toute son étendue, et qu'elle diffé-
rât ainsi des anciennes, qui n'en foulent que la
moitié à chaque coup. Il doubloit par conséquent
l'étendue de la surface à fouler : cependant il a
précisément employé la vis des presses ordinaires
qui ne peut fouler que la moitié de cette surface,
et qui, dans la révolution d'un quart de tour, des-
cend de 10 lignes. Mais, comme cette descente ex-
cédoit de beaucoup celle qu'il avoit trouvée à ma
platine, il a cherché les moyens de détruire l'excé-
dent. Pour cet effet, il a terminé le bout inférieur
de cette vis par une seconde vis à filets moins ver-
ticaux, et taraudée à droite, comme celle de des-
sus, afin qu'elle entrât dans son écrou d'environ
7 lignes tandis que la vis de dessus sortoit du sien
de 10 lignes. Ainsi, quoique la vis supérieure de
M. Anisson descende réellement de 10 lignes, la
platine attachée à l'écrou de la vis inférieure ne
descend néanmoins que d'un peu plus de 3 lignes.

Je vais essayer actuellement d'analyser cette
vis, pour en faire connoître les effets.

On sait qu'une vis, dans son développement,
représente un plan plus ou moins incliné conduit
circulairement autour d'un cylindre ; qu'elle est

une extension du coin. La différence entre la vis et le coin est que celui-ci n'a que le mouvement instantanée que lui donne la percussion, et que la vis a un mouvement continu qui lui est communiqué par un levier.

D'après ces principes de mécanique, on voit que les filets de la vis supérieure de M. Anisson produisent, dans la révolution d'un quart de tour, l'effet d'un coin de 10 lignes d'épaisseur mû en avant, et que les filets de la vis inférieure font celui d'un coin d'environ 7 lignes mû en arriere. Il est vrai que le résultat ne présente plus qu'un coin d'un peu plus de 3 lignes chassé en avant : mais, par cette inégalité des pas dans les deux vis, les frottements sont considérablement augmentés, et la force mouvante est bien affoiblie, puisqu'elle se trouve appliquée non sur la perpendiculaire à la tête du coin, mais sur une ligne qui lui est oblique.

On conviendra que M. Anisson a cherché bien loin ce qui étoit bien près : il étoit si simple de répartir également entre les deux vis la descente qu'il vouloit avoir, moitié à celle d'en-haut, moitié à celle d'en-bas, en taraudant toutefois celle-ci en sens contraire.

M. Anisson se félicite de cette complication

d'opérations combinée pour détruire *d'un côté ce qu'il a* produit de trop *d'un autre.* Il résulte, *dit-il page 634*, de l'inclinaison des pas d'en-bas, combinée avec l'inclinaison de ceux d'en-haut, que les DEUX TIERS de la descente produite par la révolution des pas d'en-haut, SONT DÉTRUITS par ceux d'en-bas. C'est ce qui a le plus long-temps contrarié les EFFORTS DE L'INVENTEUR de cette presse ! C'est le SEUL PRINCIPE DE LA PRESSE A UN COUP !

Je ne releverai pas une inadvertance du rédacteur de ce mémoire, p. 619 déja citée ; je témoignerai seulement ma surprise de ce que M. Anisson n'a pas senti, en lisant ce mémoire, qu'on lui faisoit introduire le marbre entre la lettre et la platine ; *et de ce qu'il n'a pas fait corriger cette phrase lorsque, deux ans après, il a fait imprimer ce mémoire par M. Moutard en 1785 parmi ceux des Savants étrangers. Ce ne peut être sûrement qu'une distraction de sa part.*

M. Anisson termine le sien en mettant sous les yeux de l'académie les premiers essais de cette presse, exécutés *(dit-il de concert avec MM. Pierres et Moutard)* sur ce même papier-vélin de France qui lui a été présenté il y a quelque temps par le sieur Réveillon, et dont on doit la SEULE ET PREMIERE INVENTION aux soins et à l'intelligence de ce Fabricant.

Enfin il finit par prier l'académie de nommer des commissaires pour examiner sa presse.

L'Académie, dont les vues ont toujours été de ne rien négliger de ce qui peut contribuer à la perfection des arts, lui accorda sa demande.

L'aspect de cette presse beaucoup plus brillante que les anciennes, par le cuivre et l'acier polis qui la décorent, ne peut avoir fait illusion aux commissaires ; ils n'ont sûrement point été séduits par les manœuvres adroites exécutées en leur présence : ainsi je suis persuadé qu'ils ont fait, à la conclusion du compte qu'ils ont rendu, toutes les exceptions et les restrictions que leur expérience et leur connoissance dans les arts leur ont suggérées ; et je ne doute nullement que si la vis, qu'ils ne purent examiner parceque cette presse étoit montée, avoit été mise sous leurs yeux, ils n'en eussent aussitôt apperçu la mauvaise construction. Ces réflexions m'auroient fait desirer que le rapport eût été imprimé en son entier. Mais M. Anisson, à qui ces restrictions déplurent vraisemblablement, et qui vit avec peine que sa date d'Inventeur disparoissoit par la mention qu'on y faisoit de ma presse, n'a fait imprimer prudemment qu'un extrait de ce rapport, dont voici la conclusion : Les commissaires apprécient enfin l'avantage de la nouvelle presse sur l'ancienne quant à la célérité du travail. Il en résulte qu'il est certain que la manœuvre se trouve ABRÉGÉE DE MOITIÉ dans la nouvelle presse.

Il paroît que M. Anisson a trouvé lui-même ce résultat trop fort, puisqu'en deux époques diffé-rentes il a cru devoir en rabattre la moitié : 1°. *Dans un feuillet intitulé* premiere épreuve d'une nou-velle presse INVENTÉE POUR LE SERVICE DE L'IM-PRIMERIE ROYALE, et approuvée par l'académie des sciences le 17 mai 1783 ; *ce feuillet précede le fron-tispice de* l'Hymne au Soleil, *in* 8° *de* 50 *pages qu'il imprima aussitôt pour se faire honneur de son invention :* 2°. *Dans un avertissement qui se trouve placé vis-à-vis de l'extrait du rapport des commissaires. Il se contente de dire dans ces deux endroits, Que* cette presse est PLUS EXPÉDITIVE D'UN QUART que les autres : *il ajoute* Qu'elle rend la main-d'œuvre moins pénible, *et* Qu'elle procure aux ou-vrages une perfection indépendante du talent des ouvriers.

Plus M. Anisson fils a approfondi l'art de l'im-primerie , *plus il doit me savoir gré de discuter avec lui cet art que mes confreres et moi nous étu-dions tous actuellement, et qu'il dit lui-même* être encore au berceau.

Je dirai donc affirmativement :

1°. Que la manœuvre dans la presse de M. Anisson fils est plus lente que dans les anciennes : parceque les coulisseaux taillés en couteau, attachés sous le marbre, ont beaucoup de frottement dans la gouttière des bandes creusées en V, qui, ne permettant au train que de glisser en ligne droite sans aucun jeu latéral, rendent ce mouvement plus lent ; et que le temps nécessaire pour les deux coups, très prompts dans les presses anciennes, comparé avec celui du seul coup un peu moins prompt de la nouvelle, peut être regardé comme nul relativement à toutes les autres opérations nécessaires pour tirer une feuille. Je trouvois bien assez de célérité dans les presses ordinaires, et je n'en cherchois sûrement pas une plus grande en construisant ainsi les bandes de ma presse.

2°. Qu'il résulte, et du plus grand frottement du train dans le creux des bandes, et du foulage insuffisant de sa vis, que la main-d'œuvre est plus pénible.

3°. Que le talent des ouvriers influe beaucoup sur la perfection de l'impression, parcequ'une presse, quelquë juste qu'elle soit, ne fait pas l'ouvrage toute seule, et que la beauté de l'exécution est le résultat d'un grand nombre d'opérations qui dépendent toutes de la main des ouvriers.

J'ai cru ces développements nécessaires pour l'honneur de l'Imprimerie françoise, à laquelle les imprimeurs étrangers auroient pu reprocher de n'avoir pas senti, ou du moins d'avoir négligé de faire connoître les défauts d'une presse que M. Anisson donnoit pour modele, *dans un volume qui doit passer à la postérité.*

Je suis très flatté que le directeur de l'imprimerie royale ait jugé ma presse digne d'être imitée; cependant je ne devois pas m'y attendre. Je connoissois, il est vrai, les avantages et la solidité de quelques parties réformées: mais je craignois que la double vis ne fût pas de longue durée; et le temps, seul juge des inventions nouvelles, a confirmé mes soupçons.

M. Anisson fils ignoroit sans doute, lorsqu'il prit date à l'académie pour l'invention de sa presse, que la mienne étoit déja connue, et même décrite par M. de Villoison, dès l'année 1777, *dans son édition grecque et latine de* Daphnis et Chloë, *qui parut en* 1778 : *voici la traduction de ce qu'il dit page* xc *de ses Prolégomenes, que vraisemblablement M. Anisson n'avoit pas lus.*

C'est avec autant de sagacité que d'utilité réelle pour l'avancement de son art, que Didot l'aîné a imaginé et fait exécuter heureusement, mais à

grands frais, une presse d'imprimerie d'une construction nouvelle, à laquelle il a su donner assez
de force pour que les ouvriers puissent fouler également et d'un seul coup la feuille de papier dans
toute son étendue ; tandis que jusqu'à ce moment
il avoit fallu deux pressions successives pour fouler
d'abord la premiere moitié de la feuille, ensuite la
seconde moitié. Cette édition de Longus est le premier ouvrage imprimé sous cette presse nouvelle
et jusqu'à présent inconnue.

M. Anisson fils ignoroit sûrement encore, lors-
qu'il a fait publier dans le journal de Paris du
17 mars 1785, sa découverte de l'apprêt auquel on
doit soumettre le papier imprimé pour donner aux
marges autant d'extension qu'en avoient reçu les
pages foulées par la presse d'imprimerie, et rendre
ainsi les feuillets plans et unis, sans les lisser; il
ignoroit, dis-je, que cette maniere n'est pas nou-
velle. Elle tient en grande partie à une suite d'opé-
rations, nommée échange, usitée depuis long-temps
dans les bonnes fabriques de papier, et que j'ai fait
précéder par une manipulation plus simple, qui
consiste à placer alternativement un carton lissé,
puis une feuille imprimée, puis un carton, et à
faire subir au tout une pression forte mais pro-
gressive.

Instruit par les avis de M. Desmarest, et par la lecture de ses mémoires sur la papeterie, j'ai employé ces procédés dès le mois de septembre 1780 pour les volumes de la collection de Monseigneur Comte d'Artois, imprimés à cette époque, pour toutes les éditions que j'ai données depuis, et surtout pour le Tasse de Monsieur et pour la collection de Monseigneur le Dauphin, comme on peut aisément s'en convaincre.

Mon intention dans cette note si longue est bien moins de revendiquer mes découvertes, que de contribuer à la perfection de mon art, en le discutant avec celui qui s'en occupe sans doute avec plus de succès que moi. D'ailleurs j'ai appris que l'on sollicitoit un privilege exclusif pour une manœuvre qui n'est pas nouvelle, et je crains d'être compris dans l'exclusion. On conviendra qu'il seroit triste pour moi d'être forcé de renoncer à des moyens que j'ai employés plus de quatre ans avant l'auteur de cette découverte.

Page 112, vers 13.

Enfin, par le secours d'une simple machine,
Avec tant de justesse il dresse une platine, etc.

Mon pere a obtenu, par un travail non interrompu pendant huit mois, un plan droit d'une maticre plus dure que la lime, qui lui sert à dresser les marbres et les platines de ses presses. C'est entre ces deux plans que se fait la pression : ils sont regardés comme droits lorsque, sous une regle d'acier taillée en biseau, un cheveu est arrêté, et se rompt si on le tire.

Page 112, vers 17.

C'est par cette justesse

Qu'il demande un chef-d'œuvre, et l'obtient de sa presse.

Un chef-d'œuvre pour le moment présent : mais il est possible que mon pere perfectionne encore son art. Il se pourroit même que quelques uns de ses confreres, animés par son exemple, réussissent à le surpasser. Si cela arrive, il aura toujours la gloire et la satisfaction d'avoir excité l'industrie nationale dans l'Imprimerie et dans les deux arts sans lesquels elle n'existeroit pas, la Gravure des caracteres et la Fabrication des papiers : car le seul motif qui l'ait toujours soutenu et encouragé dans ses travaux étoit le desir que les presses étrangeres n'eussent pas la supériorité sur les presses françoises.

F I N.

POÉSIES DIVERSES.

APPROBATION.

J'ai lu par ordre de monseigneur le Garde des Sceaux un manuscrit intitulé Essai de Fables nouvelles dédiées au Roi, suivies de Poésies diverses; par M. Didot fils aîné. Ces Fables, qui, sous le titre modeste d'Essai, offrent une morale saine, mise en action avec beaucoup de grace et de facilité, ne peuvent que faire honneur à l'esprit et au cœur de ce jeune écrivain. A la suite des Pièces qui les accompagnent, est l'Épître sur les progrès de l'imprimerie, ouvrage déjà connu avantageusement, où il célèbre dignement l'art que son père exerce avec une supériorité qui fera époque dans le siècle de Louis XVI. Tout le recueil m'a paru digne de l'impression. A Paris, ce 7 octobre 1785.

AUBERT.

PRIVILEGE.

Louis, par la grace de Dieu, roi de France et de Navarre, à nos amés et féaux conseillers, les gens tenants nos cours de parlement, maîtres des requêtes ordinaires de notre hôtel, grand conseil, prévôt de Paris, baillis, sénéchaux, leurs lieutenants civils, et autres nos justiciers qu'il appartiendra, SALUT. Notre amé le sieur DIDOT fils aîné nous a fait exposer qu'il desireroit faire imprimer et donner au public un ouvrage de sa composition intitulé *Essai de Fables nouvelles dédiées au Roi, suivies de Poésies diverses*, s'il nous plaisoit lui accorder nos lettres de privilege pour ce nécessaires. A CES CAUSES, voulant favorablement traiter l'exposant, nous lui avons permis et permettons par ces présentes, de faire imprimer ledit ouvrage autant de fois que bon lui semblera, et de le vendre, faire vendre et débiter par tout notre royaume: voulons qu'il jouisse de l'effet du présent privilege pour lui et ses hoirs, à perpétuité, pourvu qu'il ne le rétrocede à personne; et si cependant il jugeoit à propos d'en faire une cession, l'acte qui la contiendra sera enregistré en la chambre syndicale de Paris, à peine de nullité, tant du privilege que de la cession; et alors, par le fait seul de la cession enregistrée, la durée du présent privilege sera réduite à celle de la vie de l'exposant, ou à celle de dix années, à compter de ce jour, si l'exposant décede avant l'expiration desdites dix années; le tout conformément aux articles IV et V de l'arrêt du conseil du 30 août 1777, portant réglement sur la durée des privileges en librairie. Faisons défenses à tous imprimeurs, libraires et autres personnes de quelque qualité et condition qu'elles soient, d'en introduire d'impression étrangere dans aucun lieu de notre obéissance;

comme aussi d'imprimer ou faire imprimer, vendre, faire vendre, débiter ni contrefaire ledit ouvrage, sous quelque prétexte que ce puisse être, sans la permission expresse et par écrit dudit exposant, ou de celui qui le représentera, à peine de saisie et de confiscation des exemplaires contrefaits, de six mille livres d'amende, qui ne pourra être modérée. pour la premiere fois, de pareille amende et de déchéance d'état en cas de récidive, et de tous dépens, dommages et intérêts, conformément à l'arrêt du conseil du 30 août 1777, concernant les contrefaçons: à la charge que ces présentes seront enregistrées tout au long sur le registre de la communauté des imprimeurs et libraires de Paris, dans trois mois de la date d'icelles; que l'impression dudit ouvrage sera faite dans notre royaume et non ailleurs, en beau papier et beaux caracteres, conformément aux réglements de la librairie, à peine de déchéance du présent privilege; qu'avant de l'exposer en vente, le manuscrit qui aura servi de copie à l'impression dudit ouvrage sera remis, dans le même état où l'approbation y aura été donnée, ès mains de notre très cher et féal chevalier, garde des sceaux de France, le sieur HUE DE MIROMESNIL, commandeur de nos ordres; qu'il en sera ensuite remis deux exemplaires dans notre bibliotheque publique, un dans celle de notre château du Louvre, un dans celle de notre très cher et féal chevalier, chancelier de France, le sieur DE MAUPEOU, et un dans celle dudit sieur HUE DE MIROMESNIL: le tout à peine de nullité des présentes; du contenu desquelles vous mandons et enjoignons de faire jouir ledit exposant et ses hoirs, pleinement et paisiblement, sans souffrir qu'il leur soit fait aucun trouble ou empêchement. Voulons que la copie des présentes, qui sera imprimée tout au long au commencement ou à la fin dudit ouvrage, soit tenue pour dûment signifiée, et qu'aux copies collationnées par l'un de nos amés et féaux conseillers secrétaires foi soit ajoutée comme à l'original. Commandons au premier notre huissier ou sergent sur ce requis, de faire, pour l'exécution d'icelles, tous actes requis et nécessaires, sans demander autre permission, et nonobstant clameur de haro, charte normande, et lettres à ce contraires. Car tel est notre plaisir. Donné à Paris le vingt-troisieme jour du mois de novembre, l'an de grace mil sept cent quatre-vingt-cinq, et de notre regne le douzieme. Par le Roi, en son conseil.

LEBEGUE.

Registré sur le registre XXII de la chambre royale et syndicale des libraires et imprimeurs de Paris, num. 428, fol. 439, conformément aux dispositions énoncées dans le présent privilege; et à la charge de remettre à ladite chambre les neuf exemplaires prescrits par l'arrêt du conseil du 16 avril 1785. A Paris, le vingt-cinq novembre 1785.

LECLERC, syndic.